JN032655

災禍の神話学

地震、戦争、疫病が物語になるとき

THE MYTHOLOGY OF DISASTER

沖田瑞穂

河出書房新社

災禍の神話学

［もくじ］

災禍の神話学

地震、戦争、疫病が
物語になるとき

はじめに

地震、戦争、疫病。現代の日本人にとって、残念なことにこれらの災害は身近なものになってしまった。地震は阪神淡路大震災と、東日本大震災の記憶がいまだ新しい。戦争は今まさにウクライナとロシアが争い、出口が見えない。疫病はもちろん新型コロナウイルスである。われわれはどうしようもなく、災害の中で暮らしていく。その中で生きていかなければならない。神話には、地震も戦争も疫病も出てくる。それはやはり、人類がたどってきた道のりの中で、それらの災害と何度も遭遇してきたからだ。その経験を、神話という「聖なる物語」に託して残したのだ。

ただし神話は教訓ではない。これはよく勘違いされるのであるが、神話は教訓でもないし、倫理や道徳を語るものでもない。

それでは神話の地震・戦争・疫病はどのように語られ、われわれはそこから何かを得ることができるのだろうか。神話のリアリティ、神話の現代における役割、その現代性について論じるのが本書の目的である。

人間は、古くも新しくも、神話を語りながら生きている。意識せずとも、人は神話を語らずにはいられない。無意識のうちに、さまざまな事象を人は神話として認識して処理している。そして思わぬところに、その断片が顕現する。

現代では神話など過去の遺物と考えられるかもしれないが、たとえば現代日本では、サブカルチャーの中にも神話の要素が断片的に現われる。神の名や、神話の武器や宝物の名前がよく使われ、人々はそれを通じて過去の聖なる物語であった神話に接続する。

また、本書の第一章で述べることであるが、古い神話とは全く異なる形の神話も、現代には認められると筆者は考える。その形は「怪談」である。聖性を伴う怪談、そこに聖なる物語としての神話の新たな形が見て取れる。

第二章から第四章では戦争の物語を取り上げる。物語の中で戦争はどのような「機能」を持つのか。見通しとしては、新たな秩序への「装置」として考えている。それは現実の戦争の痛みとは関係のない、神話特有のはたらきである。神話には作者がいない。そもそも神話の定義には「作者不明」というものがある。それを編纂したり語りなおしたりした人の名はあるかもしれないが、本当の神話の作り手は不明であることがほとんどだ。それゆえ、神話はいくらでも残酷になれる。責任を追及されることがないからだ。惨い戦争の神話も、そのように作者不在のゆえに語ることができるのだ。

第五章は疫病の神話であるが、実は疫病の神話はそれほど多くない。それはおそらく、神話ではなく、それよりも新しい宗教の段階で疫病の悩みが引き受けられたからだと考えている。疫病の先には死がある。神話は死の起源を熱心に語る。さらに神話は死の先にある再生をも語る。特に月が再生と結びつけられる。満ち欠けを繰り返す月は、蘇りの象徴なのだ。

本書が読者にとり、神話とはそもそも何なのか、そして神話の現代性、そのリアリティについて考える一助になればと願う。さまざまな災厄に見舞われている今こそ、その時なのだ。

地震・津波・洪水

［第一章］

地震で滅びた町

十七世紀、カリブ海に浮かぶジャマイカにポートロイヤルという港町があり、たいへん栄えていた。しかしこの町は突如として終焉をむかえた。一六九二年六月七日一一時四三分、ジャマイカを地震が襲ったのだ。町は砂州にあり、液状化により海に流された上、津波が押し寄せて町ごと海に呑み込まれた。地震と津波で二千人が亡くなり、その後流行した疫病でさらに三千人が亡くなった。当時の人々にとってはまさに、この世の終焉と思われたであろう。（佐々木ランディ『水中考古学 地球最後のフロンティア』エクスナレッジ、二〇二二年、一七一頁を参照）

このような大規模災害は、あるいは、神話成立の原動力であったかもしれない。神話には地震の起源を説明するもの、洪水などの災害を語るものが多く見られるが、実際にそれらの脅威を知らずに神話を生み出すことはできなかったはずだ。

しかし単に災害の体験を記録するだけならば、神話という「聖なる物語」の器に入れる必要はなかったであろう。神話と実際の災害の間をつなぐもの、それは何か。

「畏れ」ではないか、と私は考える。神を畏れる、そのように、災害への「恐れ」と「畏れ」

はやがて聖性を帯び、神話を生み出すのではないか。

ここでことわりを入れておかなければいけないのだが、本書では神話を「聖なる物語」と定義している。「聖なる」とは「神につながる」くらいの意味でよいだろう。ただし、「聖なるもの」という言い方に関しては、慎重にこれを避けた。馬場真理子によれば、「聖なるもの」とは「超越的で不合理なものなら何でも放り込むことのできる空虚な概念」であるからだ（『Νύξ（ニュクス）』5号、堀之内出版、四二頁）。詳しくは『Νύξ（ニュクス）』5号の第一特集「聖なるもの」をご覧いただきたい。一方、形容詞としての「聖なる」は各言語で何千年もの歴史を持つ古い言葉で、これによって神話を理解することは有効であると考えている。

二つの震災体験

「神話のリアリティ」を考えるのが本書の目的の一つであるので、実体験から書き始めたい。私は過去に二度、大きな地震を経験した。一つが高校三年生の時に起こった、一九九五年一月一七日の阪神淡路大震災で、もう一つが二〇一一年三月一一日の東日本大震災だ。高校まで神戸に住んでいたため、阪神淡路の方が強烈に記憶に残っている。夜中に、ふと目を覚まして、

「宿題やってないな〜」などと考えていたら、低い地鳴りがした。この世の終わりを告げるかのような地鳴りであった。少し遅れて、身体が持ち上げられるほどの揺れがきた。経験したことのない規模の地震であることはすぐに理解できた。その時間は永遠とも思えるほどに長かった。地鳴りが聞こえて、すこし遅れて強い揺れ。それが何度も何度も繰り返される。本当に、死を覚悟したという表現は誇張ではない。

しかし当時の我が家は頑丈にできていたのか、父が用心深い性格なので家具の固定もしっかり行っていたこともあり、それほど被害は受けなかった。食器棚の食器などはみな無事であった。本棚は本がすべて落ちたが、棚自体が倒れてくるようなことはなかった。まさに備えが肝心だ。しかし神戸の街があれほどの惨状となっているとは、その朝には思ってもいなかった。私はのん気に「学校はどうなるの？」などと両親に聞いていた。

壊滅的な打撃を受けた街は、復興までに長い時間がかかった。

もう一つの地震体験が東日本大震災である。神奈川の自宅にいた時であった。揺れ自体は震源から離れていたこともあり、阪神淡路ほどではなかった。ゆらゆらとした揺れが長く続いたことを覚えている。しかしその後がたいへんであった。交通網がすべて止まるなど混乱し、夫は会社から四時間ほどもかけて徒歩とバスで帰ってきた。翌日から生活にも影響が出た。物流が途絶えたのでスーパーから生活必需品が消えた。電力不足が深刻で計画停電なども行われたが、当家はなぜかその範囲には入っていなかったようで、幸運であった。

日常を覆す二つの地震。古代の人々は、このような地震を体験して、畏れとともにその記憶を神話という形で残したのではないだろうか。

地震の神話

地震の神話はさまざまある。少し見てみることにしよう。（以下、大林太良『神話の話』講談社学術文庫、一九七九年、八一〜一一三頁を参照）
地震の原因として、「巨人が身動きするため」という話がある。北欧の神話で、ロキという名の巨人のいたずら者（トリックスター）が、バルドルという麗しの神の殺害を謀った罪で、岩に縛られている。その上には毒蛇が巻き付けられていて、ロキの妻シギュンが器を手にして毒を受けてロキにかからないようにしている。しかしやがて器はいっぱいになり、シギュンはそれを捨てに行く。その時ばかりはロキに蛇の毒が滴るので、ロキは身をもだえる。それが地震であるとされている。
ロキのように縛られた巨人が動くと地震が起きるという話に近いものは、コーカサスにも見

縛られたロキと、蛇の毒を受ける妻のシギュン。クリストファー・エカスベア、1810年。

られる。

　エルブルズ山の山頂に一人の強大な英雄が鎖づけにされている。この英雄はこの世の終りになってやっと解放されるが、それまでは、毎年春のはじめに目をさまし、まだ解放されないことを知って泣き、その震動で地震をおこすのである。（大林『神話の話』、一〇〇頁を引用）

巨人ではないものの、人間の姿のものが縛られていて、地震を起こすという点が共通している。他に巨人の話として、朝鮮半島にこのような話がある。

――

　大昔、天の一方が傾いたので、大きな銅の

柱を支えにしようとした。ところが大地は空中にあったので柱の重みで下がっていった。そこで天の神はいちばん大きくて強い将軍に大地の下から肩で大地を支えるように命じた。こうして大地が固まったので、天を支える柱を立てることができた。将軍は今でも肩で大地を支えているが、ときどき支える方の肩を変える。その時に地震がおきるのだという。

（大林『神話の話』、九七〜九八頁を参照）

大地を支える動物

このような大地を支える巨人の話がある一方で、動物が大地を支えているとする話もある。その動物が動くと地震が起きる、とするものだ。動物の種類としては牛が多く、他に蛇や魚などもある。

大地を支える牛の話はアフリカからインドネシアにかけて広く分布しており、イスラーム文化圏によくみられるという特徴がある。パキスタンの話では、一頭の牛が世界を角の上に乗せて支えていて、人間が何か罪を犯すとこれを罰するためにサソリが牛を刺す。牛は痛がって身体を動かすので、これが地震となる。

似た話として、南シベリアでは、大地を四頭の牡牛が支えていて、この牛が足を動かすと地震が起きるとされる。

地震を説明する要素はないものの、インドでも牛が地下から大地を支えているとされている。『マハーバーラタ』の第五巻で、インドラ神の御者であるマータリ神が地底界を旅していた時、第七の地底界・ラサータラを見た。そこは牛の世界であったとされる。この部分は、ナーラダという聖仙（インドでリシと呼ばれる聖者）によって次のように語られている。

ナーラダは言った。

一　ここが、ラサータラという名の、第七の地底界である。ここに、牛たちの母である、アムリタから生まれたスラビがいる。

二　彼女は常に地上における最上のもの（甘露）を産み出す乳を送り出す。それは六つの味覚のうちの最上のものによって、ひとつの最高の味となっている。

三　かつてブラフマー神がアムリタに満足して精髄（せいずい）を吐き出した時、その口からこの非の打ち所のない牝牛が生まれた。

四　地面に落ちた彼女の乳の流れから、乳をたたえた湖が作られた。それは最高に清らかなものである。

五　それは花のような泡に囲まれている。そこに泡を飲む最高の聖者たちが泡を飲みながら住んでいる。

六　彼らは泡を食べるから「泡を飲む者」と呼ばれる。マータリよ。彼らは激しい苦行を行っており、神々も彼らを恐れる。

七　マータリよ。スラビから［生まれた］他の四頭の雌牛たちが全ての方角に住んでいる。それらは諸方を守り、諸方を支えている（ドゥフリ）（上村訳「保持している」）と伝えられている。

八　スルーパーという名のスラビの娘は東方を支える（ドゥフリ）（上村訳「守る」）。ハンサカーは南方を［支える］。

九　ヴァルナに属する西方はスバドラーによって支えられる。この雌牛は非常に強力で、あらゆる姿をとる。マータリよ。

一〇　サルヴァカーマドゥガーという名の雌牛が北方を支えている。マータリよ。そこは神聖で、イラヴィラーの息子クベーラによって支配されている。

一一　神々はアスラたちとともに、マンダラ山を攪拌棒（かくはん）にして、これらの雌牛たちの乳と混ざった水を、海においてかき混ぜた。

一二　マータリよ。そしてヴァールニー（酒の女神）、ラクシュミー、アムリタ、馬の王ウッ

一三　チャイヒシュラヴァス、宝珠カウストゥバが生じた。スラビは乳を出し、スダー（神々の飲料）を摂る者にはスダーを、スヴァダー（祖霊への供物）を食する者にはスヴァダーを、アムリタを食する者にはアムリタをもたらす。

一四　かつてここラサータラに住む者たちによって詩句が唱えられた。その古い詩句は世界中で賢者たちによって聞かれ、唱えられている。

一五　竜の世界においても、天界においても、天宮ヴィマーナにおいても、インドラの世界トリヴィシュタパにおいても、ラサータラにおけるほど生活は快適ではない。（第五巻第一〇〇章。筆者訳。沖田瑞穂『マハーバーラタ、聖性と戦闘と豊穣』みずき書林、二〇二〇年、二五三～二五四頁を引用）

ナーラダの語りの中に地底界の聖なる牛という概念がはっきりと表われていることがわかる。先の引用で、（上村訳「守る」）などと記している部分についてであるが、上村勝彦訳『原典訳マハーバーラタ　5』（ちくま学芸文庫、二〇〇二年）では「保持している」あるいは「守る」と訳されている箇所を、私は「支える」と訳した。原文のサンスクリット語は「ドゥフリ」といって、「支える」の意味もあるので、この文脈では背景にある神話も考慮すると「支える」がふさわしいように思われる。

世界を支えるのは、牛ではなく象であることもある。インドのアッサム地方では、大地は四角くて、その四つの隅を四頭の象が支えている。しかしくたびれた一頭の象が背中をかくと、地震が起きる。

牛に戻ると、大地の下の牛という神話はイスラーム圏に見られるのであるが、このアイデアの最初のものはイランであったようだ。イランでは世界のはじまりの時に「原牛」がいて、死んでその身体からさまざまな作物などが発生した。このイランの牛の神話がおそらくイスラームに入り、地下の牛として語られることになったのであろう。

次に蛇の場合であるが、蛇が地下にいるという話はインド文化圏に分布している。たとえばスマトラ北部の神話で、バタラグルという神に蛇の息子がいて、地下界に住んでいた。ところがこれが悪い息子で、七回も世界を壊した。そこでバタラグルは一本の柱を立て、その上に四本の横木を乗せ、その上に世界を乗せて壊せないようにした。以来、地下にいる蛇は世界を滅ぼすことができなくなった。

ただし地下の世界蛇が地震を起こすという神話が明確に残されているところは少ないように思われる。インドも、世界はシェーシャ竜王が支えているとされるが、少なくとも『マハーバーラタ』では地震の要素は伴わない。先ほど取り上げた『マハーバーラタ』第五巻の、地下の蛇に関する記述を見てみよう。

ナーラダは言った。

一　これが、ヴァースキに守られたボーガヴァティーという名の都である。それは神々の王インドラの最高の都アマラーヴァティーのようである。

二　ここにシェーシャ竜がいる。強力で、世にも優れた苦行を行う彼によって、この大地は常に支えられている。

三　彼は白い山のような姿をしていて、様々な種類の飾りを身につけ、千の頭を持ち、炎のような舌をしていて、強力である。

四　ここに、スラサーの息子である竜たちが住んでいる。彼らは種々の姿を取り、様々な種類の飾りをつけ、あらゆるわずらいを免れている。（第五巻第一〇一章。筆者訳。沖田『マハーバーラタ、聖性と戦闘と豊穣』、二五五〜二五六頁を引用）

蛇は大地を「支えている」とあるが、動くと地震が起きるという話にはなっていない。大地を支える牛と蛇をみてきたが、魚というのもある。これはインドシナから中国をへて日本へという分布を示す。日本で有名な地震ナマズがここに分類される。

ところがこのナマズはどうやらインドの世界蛇が起源であるらしい。おそらく平安時代に世

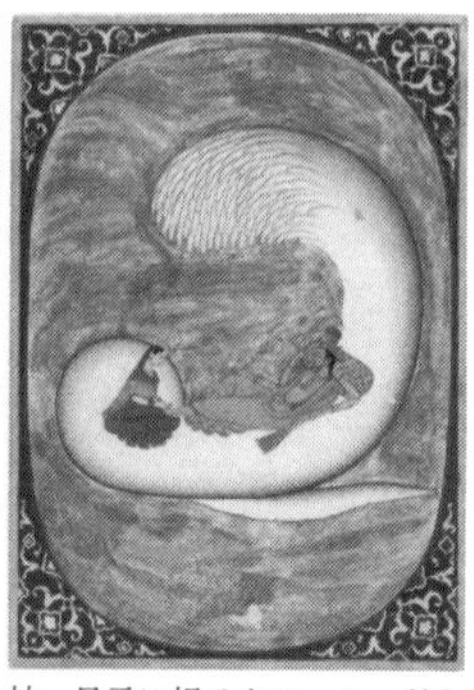
［右］シェーシャ（アナンタ）竜王の上でまどろむヴィシュヌ神。足元に妃ラクシュミーがかしずく。インド、18世紀。
［左］鯰絵。1854年。安政2年の大地震直後の瓦版。

界を取り巻く蛇という概念がインドから日本に伝わり、江戸時代初期にナマズに変化したものとみられている。

地震ナマズといえば、現代の文学作品にこのモチーフを用いたものがある。万城目学『鹿男あをによし』だ（幻冬舎文庫、二〇一〇年、初出二〇〇七年）。現代日本で、高校教師の男性と女子高生が、鹿に命じられて「サンカク」と呼ばれる地震ナマズを抑える道具を手に入れるまでの物語となっている。ドラマ化、漫画化もされた作品で、ファンタジー的ではあるが、地震国である日本であるからこそ身近に感じられる内容となっている。

神話によれば、大地は何者かによって支えられている。それは巨人であったり動物であったりするが、いずれも生きているものである。したがって動くことがある。われわれの足元は決して盤石ではない、という不安からこのような神話が形成されたのだろう。いつ崩れ去るか分からない足元。その不安を神話という形にすることで、古代の人々は心の均衡を取ろうとしたのではないか。つまりここでは神話は、不安を形にして客観視できるようにする「装置」となっている。

アトランティス神話

地震で滅んだ国ということでは、アトランティス伝説がある（以下、アトランティスについては原田実『疫病・災害と超古代史』文芸社文庫、二〇二〇年、一二頁以降を参照した）。プラトンの『ティマイオス』に、アトランティスと呼ばれていた大陸についての記述がある。プラトンの時代（紀元前五〜四世紀）からさらに九千年前、「ヘラクレスの柱」と当時呼ばれていたジブラルタル海峡の外の海にアトランティス大陸はあった。その王侯は多くの島々や大陸を支配していたが、アテナイが戦いで勝利を収め、征服地を解放したという。

その直後のことであった。地震と洪水が何度もアトランティス大陸を襲い、ついにはその最大のものによって一昼夜でアトランティスは海底に没した。

このアトランティスについてもう少し詳しい記述が同じプラトンの『クリティアス』に記さ

れている。アトランティスでは王政が敷かれ、山々は鉱物を産出し、農地は肥沃で、神殿・宮殿・都が計画的に配置され、兵力に優れていた。人々は思慮深く徳と友愛を重んじていた。しかし時が経つにつれて人々の神性がうすれていき、傲慢になっていった。ゼウスは彼らをこらしめることにした。

ここで『クリティアス』は突然終わっているのだという。

情報を合わせると、アトランティスという大陸がジブラルタル海峡の外にあり、人々は優れ、国は栄えていた。しかし人々はだんだん悪い性質になっていき、ついにはゼウスの怒りを買った。それと関連があるのかは不明であるが、大陸は一昼夜で地震と洪水のため海に没した。ゼウスの怒りとアトランティスの滅亡は無関係とは思われない。繋がっている可能性があるだろう。つまり、ゼウスの罰として地震と洪水が起こり滅んだ、とする伝承があったかもしれないのだ。

たとえば、このような話がギリシアにある。人類が次々と生成と滅亡を繰り返す話だ。

オリュンポスの神々は、次々に五つの人間の種族を生み出した。最初の種族は「黄金の種族」と呼ばれ、神々のように労苦や嘆きも知らずに暮し、惨めな老いに襲われもせず、眠りにつくかのように穏やかに死ぬ。あらゆる善きことが彼らに備わっていて、豊かに実る田畑はたくさんの実りを惜しまず与えた。やがてこの種族は大地に隠されて滅びてしまった。

次は「白銀の種族」で、前よりずっと劣った種族である。百年間も子どものままで、母親のもとで戯れながら養育されてやっと大きくなり十分な年頃になると、今度はほんのわずかの間しか生命を保てない。互いに害しあい、神々に仕えようともしなかった。ゼウスがこの種族を滅ぼした。

その次が「青銅の種族」だ。白銀の種族とはさらに似ておらず、恐ろしい剛毅な種族とされている。戦を好み、穀物は食べない。武具も住居も青銅製。まだ鉄はもっていなかったのだ。彼らは自分たちの手で滅ぼしあった。

その次の時代は、輝かしい「英雄の種族」だ。半神と呼ばれる英雄たちの時代である。この種族を滅ぼしたのは恐ろしい戦であった。例えばテバイでオイディプスが領地のために戦った折、また美しいヘレネのために海を渡ってトロイを滅ぼした折に。

そして最後は「鉄の種族」。今の人間たちである。昼間は労働と悲歎の止むときがなく、夜は夜で命をすり減らされる。（呉茂一『新装版　ギリシア神話』新潮社、一九九四年、五五〜五七頁を参照し、沖田瑞穂『世界の神話』岩波ジュニア新書、二〇一九年、八六〜八七頁を引用、表記と語尾を改めた）

この話では、白銀の種族をゼウスが滅ぼしたとされている。少なくとも悪い性質になった人類を神が滅ぼすという神話があったことが確認できる。

その滅亡がいかなるものであったのかという問題とは別に、アトランティスの伝説は、十九世紀後半になって「神話」として蘇ることになった。エジプトやギリシアなど、世界のあらゆる文明の根源とみなされるようになったのだ。オカルトである。これの詳細については原田の前掲書を参照されたい。話がそれるので、この話はここまでとしておこう。

津波の現実と神話

地震と連動して起こる津波も人類の脅威であった。東日本大震災における津波の被害は、十二年経った今でも記憶に新しい。実際の津波は、神話となるのだろうか。なるとすれば、それはどういう形を取るのだろう。

文化人類学者の後藤明は、実際の津波が神話となって後世に残されていると説く。（後藤明「神話に残る津波の記憶」笹川平和財団 海洋政策研究所 Ocean Newsletter 第一五三号、二〇〇六年十二月二〇日発行 https://www.spf.org/opri/newsletter/153_1.html）

たとえば、インドの東、ベンガル湾のアンダマン諸島には次のような津波神話が伝わっているという。

最初の時、神プルガは人間の男を造り、彼に森の果樹や火のおこし方を教えた。次にプルガは女を創造し、二人の間には息子と娘が二人ずつ生まれた。神は人間たちに狩りや漁の方法や言葉を教えた。最初の父母が死ぬと子孫たちは神の掟を無視するようになったため、プルガは怒って大津波を起こした。一番高い丘を残しすべてが水に沈んだが、二組の男女だけがカヌーに乗っていて助かった。水が引くと生物はすべて溺死していたので、神は彼らに動物や鳥を与えた。しかし洪水の間に火が消えていた。すると死者の魂がカワセミとなり、天上に飛んでいき神の炉から燃えさしをくわえ地上に運ぼうとしたが、重すぎて神の体の上に落ちてしまった。神は気づいて怒り、燃えさしを取り投げつけたが、あたらずに四人の真ん中に落ち人間たちは再び火を得た。四人は暖まり余裕ができると、人類を滅ぼした神に対する怒りを抑えきれず、神を殺そうと考えた。しかし神は言った。「人間たちよ、お前たちの矢では私を射ることができない、もしお前たちが私を亡き者にしようとしたら、お前たちの命を奪うであろう」と。人間たちが神に従うと、神は怒りを和らげ、「お前たちは、親が従ってきた私の掟に背いたので津波は自業自得である。将来また過ちを繰り返すならそれ相当の罰を与えるであろう」と言い聞かせ去っていった。住民はそれ以来今日まで恐れと戦きを持って神の意志を守り続けている。（後藤「Ocean Newsletter」webページより引用）

この神話を紹介した上で後藤は、このような神話の目的は何だろう、と問いを提示する。戒めなのか、それとも現実の災害の反映なのか。

そのヒントになる話が沖縄にあるという。八重山の石垣島に伝わる話だ。

石垣島の白保では村の寄り合いでいつも反対意見を述べる三名があった。村の安寧を損なうというので追放された。彼らは寂しく暮らしていたがある日人魚を釣り上げた。海神の使いとも知らず半分は塩漬けにし、半分は汁にして食うことにした。しかし鍋と塩漬けの瓶の中から「人が大勢死ぬ。天災だ、天災だ。津波が来る津波が来る」と聞こえたので驚き肉を海に帰した。やがて人魚が予言したとおり明和八年に大津波が襲ってきた。三人を追放した白保がまず流された。三人は大いに謹慎陳謝して許され、のち懸命に復旧に努力し、現在、子孫は繁栄している。（後藤「Ocean Newsletter」webページより引用）

後藤によれば、これは明確に実際の津波の痕跡である。一七七一年の明和の大津波において被害があった地域と、先に紹介したような津波の神話の分布がほぼ一致するからだ。したがって、まず津波の記憶が畏れとともに神話化され、次にそれが教訓と結びついたものと考えることができる。

神話は、その本来の姿として教訓ではない。また道徳でも倫理でもない。そうではなく、世界がどのようにしてできたのか、またこの世界はどのように在るのか、それを説明するのが神話の根幹としての役割の一つなので、そこには原初の暴力も介在する。しかし同時に、この沖縄の津波神話のように、教訓と結びつくこともあるのだ。ただしそれは二次的な要素であろう。

沖縄のヨナタマ伝説

人魚が津波を予言した話を先に紹介したが、沖縄の宮古諸島にも同様の話がある。

昔、下地島に一つの部落があり、そこの漁師がヨナタマを釣ってきた。ヨナタマとは、顔は人間で身体は魚、よくものを言う。漁師は翌日隣人たちを集めて食べるつもりで、ヨナタマを乾しておいた。その夜、隣家の子供が深夜に泣き出した。母親が子供を抱いて庭に出ると、海の向こうから「ヨナタマ、ヨナタマ、どこへ行ったのか」と声が聞こえる。するとヨナタマが「私は網に載せられてあぶり殺されようとしている。助けて」と言う声が聞こえた。母親が子供を負って伊良部島に駆け付けるや、激しい音とともに大津波が押し寄せ、下地島は跡形もなく洗いつくされた。（大林『神話の話』、六七〜六八頁を参照）

ヨナタマは人魚である。大林が述べるように（前掲書、六八頁）、人魚というものは矛盾した存在だ。陸に在っては海水を呼び寄せる。ヨナタマは水中で生活するからだ。しかし津波の襲来は人間の死を意味する。ところがヨナタマは顔が人間なのだ。そこで矛盾ということになる。ヨナタマに限らず、人魚は洋の東西を問わず不吉である。陸と海、人間と動物、文化と自然の接点にあって、その不安定さの故に不吉な運命を伴うのだろう。

不安定さと不吉さ。地震と同様、人々はそのような津波に対する恐れや不安を、神話という物語に託すことで客観視できるようにして、解消しようとしたのではないか。聖なる物語である神話には、人々の心に強くはたらきかける力があるのだ。

津波と怪談

二〇一一年の東日本大震災における津波においても、神話は誕生していた、と私は考える。ただしその神話は、通常われわれが「神話」に対して期待するものとは異なる姿をしている。その姿とは、「怪談」である。

金菱清『呼び覚まされる霊性の震災学』（新曜社、二〇一六年）の第一章「死者たちが通う街——タクシードライバーの幽霊現象」（工藤優花著）では、石巻や気仙沼のタクシードライバーから、工藤が多くの怪異談を聞き取っている。二つほど、例を見てみよう。

震災から三か月ほどたった頃、深夜に石巻駅のあたりで真冬のようなコートを着た女の人を乗せた。目的地は「南浜」まで。ところがそこは更地だ。そう言うと、女の人は「私は死んだのですか？」と震えた声で言って、消えたのだという。（工藤、前掲論文、四～五頁を参照）

八月頃のことであった。石巻駅で待機していたら、季節外れの服装をした客が乗ってきた。目的地は「日和山」。ドライバーは車を走らせたが、いつの間にか男性は後部座席か

らいなくなっていた。（工藤、前掲論文、五〜六頁を参照）

工藤はこのような話を他にもいくつも聞き取ったのだという。さらに工藤は、この怪談の誕生に「感情の推移」があると述べる。引用してみよう。

したがって、タクシードライバーたちの感情の推移としては、東日本大震災の甚大な被害に対する〝悲しみ〟と〝驚き〟から、〝絶望〟が生まれる。そうした心の状態において、怪奇現象が起こる。そこでは、〝驚き〟と〝恐れ〟から、〝畏敬〟が生まれる。つまり彼らは、〝絶望〟と〝畏敬〟の板ばさみ状態だったのである。東日本大震災の被害には絶望しているものの、そういった現象に出くわして〝畏敬〟が生まれた。つまり、彼らにはどこか虚しいそんな時に、愛着のある地元の人が幽霊（霊魂）という形で現れ、どこか尊い感情を抱いたのである。（工藤、前掲論文、一六頁を引用）

このように東日本大震災に伴う津波被害は畏れという聖性を伴って怪談の形で語りなおされ、現代の聖なる物語、すなわち現代の神話となったのだ。

現代に生きる私たちは、心に宿る「聖性」を捨てたように見えるかもしれない。しかし人間存在とはおそらく、常にどこかでそれを求め、それへのあこがれを心に抱いて生きている。怪談に接した時の恐れ・畏れは、そのひとつの発露なのではないだろうか。現代日本において、「実話怪談」の分野が盛んに好まれていることも、その裏付けになるかもしれない。

また、先に人魚のヨナタマが引き起こした津波の話を紹介したが、ヨナタマがそうであったように、幽霊もまた媒介者であり、この世とあの世の間に存在する、不安定で、したがって不吉な存在、場合によっては聖なる存在でもあるのだ。

洪水と、終末の水・原初の水

地震・津波と並んで人々の記憶に残る災害に、洪水がある。なお津波と洪水はどちらも水による災害であるが、津波は地震や火山噴火に伴う海の災害、洪水は気象によって生じる水の災害である。次に洪水の神話を見ていくことにしよう。

『マハーバーラタ』第三巻に、マヌという人類の始祖の男が体験した洪水の神話が記されている。

あるときマヌが苦行をしていると、近くの川岸に一匹の魚がやって来て彼に話しかけた。

「私は小さな魚で、大きな魚を恐れています。どうか私を助けてください。そうすれば必ず恩返しいたしますから」

マヌは魚をあわれと思い、魚を手に取って水を張った瓶の中に入れてやった。マヌは魚に愛情を注いで大切に育てた。時が経ち、魚は大きく育って瓶の中に入らなくなった。そこでマヌは大きな池に魚を運んで行った。さらに時が経ち、魚はまた大きくなって、池に入りきらず、動くこともできなくなった。魚は言った。

「どうか私を海の王妃たるガンガー女神（ガンジス川）のもとに運んでください。私はそこに住みたいと思います」

マヌは魚をガンジス川に放った。魚はわずかの間に大きく成長し、ガンジス川でも動くことができなくなった。魚は言った。

「私を海に連れて行ってください」

マヌは魚を海に連れて行った。魚は言った。

「あなたは何かにつけて私を守ってくれました。いまからお話しすることをよく聞いてください。遠からずこの世界は滅びます。大帰滅の時がやって来るのです。あなたは綱をつけた頑丈な舟を作ってください。そしてそこに七仙とともに乗ってください。私が告げた種子もそこに載せなさい。時がくればお助けしに参ります」

マヌは舟を作り、種子を集めて載せ、海に乗り出した。マヌが魚のことを考えると、魚が現われた。その魚には角があった。マヌは舟の綱を魚の角に括り付けた。マヌは魚に連れられて海を渡った。そのとき全世界は水の中に沈んでいた。すべて洪水によって水に覆われたのである。

魚と、マヌらが乗った船。1890年。

マヌと七仙だけがこの世界に存在していた。やがて舟はヒマーラヤの峰についた。魚は言った。

「私は創造神ブラフマーである。私は魚の姿を取って、あなた方を洪水から救った。マヌはこれから神とアスラと人間とそのほか全ての生類と世界を創造しなさい」

マヌはブラフマーに言われた通り、苦行を積み、その力によって一切万物を創造した。（上村訳『原典訳　マハーバーラタ

4』、三五〜三九頁を参照）

この話を語ったマールカンデーヤという聖仙は、老いることも死ぬこともない存在である。世界が終わってもこの聖仙だけは存在し続け、世界の始まりと終わりを無限に見る。そのマールカンデーヤ仙の語りにおいて、先ほどの洪水神話の後に、世界の終末の話が語られる。

カリ・ユガ（四つの時代区分の最後、暗黒時代）が終わる時、バラモンは祭式を行わなくなり、ヴェーダの学習をやめ、祖霊への祭りも行わず、禁じられた食べ物も食べるようになる。かわりにシュードラが聖句を唱えるようになる。人々は短命になり、力が弱まり、真実を語らなくなる。いよいよ世界の終わりの時になると、生き物たちは多くなる。悪臭に満ち、ものの味はまずくなる。女たちは多産になり、背が低くなり、行いが悪くなる。牝牛はわずかな乳しか出さず、樹木はわずかな花と実しかつけない。インドラ神は季節に応じた雨を降らせず、すべての種子は正しく成長しない。敬虔な者が減り、悪い者が栄える。

その時が来ると、長年にわたる旱魃（かんばつ）が生じる。七つの燃え立つ太陽が、海や川の水を呑みほす。乾いたものも湿ったものも、すべてが灰燼に帰す。終末の火・サンヴァルタカが風とともに世界を襲い、大地を裂いて地底界に入り、神々、魔物、夜叉などの一族に恐怖をもたらす。火は竜の世界をも焼き、地下にあるすべてを焼き尽くす。燃え上がる火は神々も悪魔たちも全てを焼き亡ぼす。

そのあと、稲妻の輪に飾られた、不思議な外観の雲が立つ。多彩な色をしたその雲は、天空をおおって全世界に広がり、豪雨で水浸しにする。その大水は十二年間続く。海は境界を越えて広がり、山々は砕け、大地も砕ける。

こうして全てが滅んだ世界で、私（マールカンデーヤ）はひとりで漂っていた。何の生物も見ることはなかった。大海原で疲れ果てていたがどこにも休息場所を見出せなかった。

ある時私は、高く大きなバニヤンの樹を見た。そこには神々しい敷物をしいた椅子があり、一人の童子が座っていた。その顔は満月のようで、その眼は蓮花のように大きかった。私にはこの童子について何も分からなかった。すると童子が言った。

「マールカンデーヤよ、私はそなたのことをよく知っている。さあ、私の体内に入って休みなさい」

童子は口を開けると、マールカンデーヤを体内に呑み込んだ。

マールカンデーヤは童子の体内で、全世界を見た。地方や都市などがあり、全ての河が流れ、海があり、月や太陽に照らされた天空があり、森に覆われた大地がある。バラモンたちは祭式を行い、クシャトリヤたちは適切に統治し、ヴァイシャたちは農業を行い、シュードラたちはバラモンに奉仕していた。

様々な山があった。山にはあらゆる動物たちが憩っていた。神々や半神族たちもいた。また神々の敵たちもいた。

私はその世界を巡ったが、どこにも終わりを見つけることはできなかった。そこで私は偉大なる最高神に庇護を求めた。すると強風が吹き、神の口から外に吐き出された。彼は同じバニヤン樹の枝に、全世界を支えながら座っていた。童子の姿で、輝かしく光り、黄色い衣を着ていた。（上村訳『原典訳　マハーバーラタ　4』、四一～四九頁を参照）

地上を覆ったマヌの洪水と、マールカンデーヤ仙が見た終末と原初の水は、同じ意味をもつものと考えることができる。水が世界のはじまりの時に在った。それはやがて洪水となって世界を滅ぼし、自身の中に全世界を呑み込む。そしてまた万物を生み出すのである。人類の、洪水というほぼ普遍的にみられる体験とそれへの畏れから、「終末の水・原初の水」という神話が形成されたのであろう。

世界の洪水神話

洪水神話は多くの地域にあるが、洪水神話と原初の水の神話が両方見いだされる地域は他にあるだろうか、と考えてみた。すると、メソポタミアがこれに該当する。メソポタミアの『ギルガメシュ叙事詩』は世界最古の叙事詩とされており、そこに洪水の話がある。

神々は人間を滅ぼす大洪水を起こすことにした。エアという神が、賢者であったウトナピシュティムに密かにそのことを知らせ、船を造って洪水を逃れるように教えた。ウトナピシュティムは大きな箱の形をした船を造り、その中にすべての銀と金、生命あるものすべて、家族と身寄りの者、野の獣、野の生き物、すべての職人たちを乗せた。彼自身も船に乗ると、固く入り口を塞いだ。

天気はすさまじく荒れていた。女神イシュタルは嘆いた。「私が神々の集いで禍々しい言葉を口にしたからだ。私こそ人間たちを産みだした者であるのに、魚の卵のように彼らは満ち満ちていたのに」。神々も彼女とともに泣いた。

その次の日から六日と六晩の間、大洪水が地上を襲った。箱舟はニシルという山の上に止まった。ウトナピシュティムは、まず鳩を船から放したが、地上のどこにも休む場所を見つけられなかったので船に戻ってきた。しばらく後、燕を放したが、燕も戻ってきた。またしばらくして、烏を放した。烏は飛んでいった先で水の引いた地面に食べ物を見つけ、帰ってこなかった。
洪水が引いたことを知ったウトナピシュティムは、生き物たちを放し、家族と共に箱舟から出て、香を焚いて神々に感謝の祈りを捧げた。（矢島文夫訳『ギルガメシュ叙事詩』ちくま学芸文庫、一九九八年、一一八〜一二九頁を参照）

こうして世界が洪水によって一新されたことが語られている。人間は洪水の後「粘土」になっていたとされている。神々は人間を粘土から作ったので、それに戻ったのだ。原初の時に回帰したのだ。

一方「原初の水」に関しては、バビロニアの神話で、原初の時、真水の神アプスーと海水の女神ティアマトだけがいて、お互いの水を混ぜあって子を作ったのだという。

このようにバビロニアにも、原初の水と、洪水による世界の再創造というアイデアの両方がある。

『ギルガメシュ叙事詩』に記される洪水神話は、かなりの広範囲に影響を与えた。「ノアの箱舟」として知られている『旧約聖書』の洪水神話も、『ギルガメシュ叙事詩』の影響を受けた。

このような話だ。

主なる神は、地上に人の悪が増し、常に悪いことばかりを心に思い計っているのをご覧になって、地上に人を造ったことを後悔し、心を痛められた。神は地上から人をぬぐい去ろうと考えた。しかしノアとその家族は善人であったので、神の厚意を得て、神から助かるための方法を教わった。神はノアに言った。

「あなたは妻や子どもたち、嫁たちといっしょに箱舟に入りなさい。また、すべての動物たちの中から、二つずつ箱舟に連れて入り、あなたと共に生き延びるようにしなさい。それらは、雄と雌でなければならない。食べられる物はすべてあなたのところに集め、あなたと彼らの食糧としなさい」

やがて、天の窓が開かれたかのように、大洪水が起こった。洪水は四十日間、地上を覆った。水は百五十日の間、地上から引こうとしなかった。

ノアたちの乗った箱舟はアララト山の山頂にとまった。ノアは箱舟の窓を開いて鳥を放った。鳥は水の上を行ったり来たりするだけだった。次に鳩を放ったが、脚を休める場所がどこにもなかったので帰ってきた。ノアはさらに待って、再び鳩を放った。鳩はオリーブの枝をくわえていた。さらに七日待ってまた鳩を放つと、今度は戻ってこなかった。

ノアは箱舟から出ると、祭壇を築き、家畜と鳥を祭壇の上に捧げ、火で燃やして神に感謝の贈り物をした。（関根正雄訳『旧約聖書　創世記』岩波文庫、一九五六年、二二〜二八頁を参照）

『ギルガメシュ叙事詩』の洪水神話と「ノアの箱舟」の話は、物語の基本的な骨格だけでなく、鳥によって洪水が引いたかどうかを調べるという特殊なモチーフも共通している。このような場合、偶然の一致ではありえない。確実に古い『ギルガメシュ叙事詩』の影響を受けて「ノアの箱舟」の話ができたと考えるのが自然だろう。

ギリシアにも洪水の神話がある。

プロメテウスという、人間の味方をしてくれる神がいて、人間に火をもたらしたのも彼だった。そのプロメテウスにデウカリオンという息子がいて、その妻がピュラだった。ピュラは最初の人間の女であるパンドラの娘である。この時代は「青銅の時代」と呼ばれていた。この時に、ゼウスは人類を滅ぼすため大洪水を計画した。プロメテウスに教えられたデウカリオンは箱船を作り、中に必要な物を詰め込むと、ピュラとともに乗り込んだ。

ゼウスは大雨を降らせて大地を水浸しにした。こうして人間は滅んだ。

デウカリオンは九日九夜箱船に乗って海の上を漂い、パルナッソスに流れ着いた。そこで雨が止んだので、ゼウスに犠牲を捧げた。ゼウスが望みのものを言えというので、人間が再び生じることを望んだ。ゼウスの言葉に従って石を拾って互いの頭ごしに投げると、デウカリオンの投げた石は男に、ピュラの投げた石は女に変わった。こうして再び人類が殖えることとなった。（アポロドーロス著、高津春繁訳『ギリシア神話』岩波文庫、一九五三年、四〇～四一頁を参照）

この話でも、神が人間を滅ぼす洪水を起こす計画を立て、一組の夫婦が事前に教えられて箱船を作って中に入って洪水から生き残り、最終的に神に許される、という筋が『ギルガメシュ叙事詩』や『旧約聖書』と共通している。メソポタミアからの影響であることは確実である。メソポタミアの影響ではなくとも、洪水神話は世界各地にある（くまなくある、というわけではなく、アフリカなど、希薄な地域もある）。洪水という自然の猛威がそれらの神話を生み出すのだ。たとえば中国の広西省にはこのような話がある。

ある父親に、十数歳の兄妹の子供がいた。あるとき大雨が降って、雷雨とともに雷公が斧を片手に天から降りてきたのを、父親がさすまたで捕らえて鉄の籠（かご）に放り込んで家の中に運び入れた。

翌朝父親は出かける前に、兄妹の子供に「決して雷公に水を飲ませてはならない」と言いおいた。ところが雷公は苦しそうに水を求め、ブラシに水を付けて垂らしてくれるだけでもいい、と言う。兄妹はかわいそうに思って水を垂らしてやった。すると雷公は鉄の籠から抜け出て、お礼として兄妹に歯を一本抜いて与え、すぐにそれを土に埋めて、災難があったら実の中に隠れるように言って飛び去った。

父親が帰ってきて、雷公が逃げたことを知ると、あわてて鉄の船を作り始めた。兄妹は歯を土に埋めた。するとすぐに芽が出て、二日もしないうちに大きなひょうたんが実った。中を抜き取ると、ちょうど兄妹が身を隠すのにいい大きさだった。

父親の鉄の船ができあがるころに、大雨が降り、地中からも水が噴き出して大洪水となった。地上は一面の大海原と変わった。父親が兄妹に「早く隠れろ、雷公が復讐に来たぞ」と言うので、二人はひょうたんに隠れた。父親は鉄の船に乗って天まで到達し、天神に頼んで洪水を止めてもらったが、その時あまりにも急に水が引いたので、鉄の船が天から地上に落ちて粉々になり、父親も死んでしまった。

兄妹は柔らかいひょうたんに入っていたので助かった。

やがて大人になった二人は結婚した。妹は肉の塊を産んだ。不思議に思ってそれを細かく切って地上にばらまくと、人間に変わった。こうして兄妹は人類の新たな始祖となった。

（蜂屋邦夫『中国の水の物語　神話と歴史』法藏館、二〇二二年、二二～二四頁を参照）

これは「兄妹始祖型洪水神話」と呼ばれるもので、中国南部から東南アジア、インド中部に分布している。母と結婚したり、犬が結婚相手であることもある。

中国には他に、「石像の血」のモチーフが現われる洪水神話がある。たとえば中国山東省の漢民族の伝承ではこのように伝えられている。

一人の少年が一人の老婆の世話をした。身体を洗って虱（しらみ）も取ってやった。老女は「この虱を捨てないで、壺に入れて庭に埋めておき、洪水が来たら掘り出しなさい」と言った。少年が洪水はいつ来るのかと尋ねるので、「牢屋の前の石の獅子の眼が赤くなったときだ」と答えた。また、木で小さな舟を作って、小箱の中に入れてしまっておくよう命じた。

少年は言われた通りにして、毎日石像の眼を見に行った。ある男が少年の話を聞いて、獅子の眼に血を塗った。獅子の眼が赤くなったのを見た少年は家に走って帰り、母と老女にこのことを報せ、壺を掘り出し、舟を箱から出した。壺の中には本物の真珠がたくさん入っていて、舟はどんどん大きくなって本物の舟になった。母子はこの舟に乗って洪水から助かった。（大林太良、伊藤清司、吉田敦彦、松村一男編『世界神話事典　創世神話と英雄伝説』角川ソフ

ィア文庫、二〇一二年、一二五〜一二六頁を参照）

この話は中国に広く見られるものであるが、日本でも「高麗島型伝説」としてよく知られているものである。

こうしてさまざまな洪水神話を見てきたが、世界の多くの地域に見られる地震や津波、洪水の神話の根幹にあるのは、災害の「記憶」であると思う。われわれは神話と向き合う時、膨大な過去の記憶の蓄積を面前にしている。そしてそれを更新し上書きしていくのもまた、われわれなのだ。

神話の特性として「起源を語る」というものがある。世界はどのようにしてできたのか、人間はどのように生まれたのか。そのように、災害がなぜ起こるのかも神話は説明する。たとえば地震は巨人や魚が身動きするために起きる。津波は神や捕らえられた人魚の怒りだ。洪水も神の怒りで生じ、それによって人類はいったん滅亡する。また世界のはじまりと終わりには水が在る。

災害はおそろしく不条理なできごとである。それに対して、人類はさまざまなアプローチで解釈を与えようとしてきた。神話はそのひとつの痕跡だ。人々は、災害を「聖なる物語」の中に落とし込むことで、それによって生じた痛みを浄化しようとしたのだ。

神々の戦争

［第二章］

現代の戦争
――ウクライナ

二〇二二年二月二四日、ロシアのプーチン大統領がウクライナに侵攻した。この戦争の中、ウクライナではさまざまな「英雄神話」が生まれた。

ロシアの軍機を六機撃墜したウクライナのパイロットに「キエフの幽霊」という名がつけられた。ただしこれは架空の人物なのではないかとされている。いずれにせよ、一種の「伝説」あるいは「神話」がここで生まれていると言える。

自己犠牲の話もある。ウクライナで、ロシア軍の進軍を防ぐため一人の兵士が橋で自爆し、橋を落としたのだという。

スネーク島ではウクライナ側の守備十三名が玉砕。ただしのちに全員の生存が確認された。この話なども、英雄神話としての側面を持つだろう。

これらの情報は、現時点（二〇二三年六月）で私が確認したもので、正確性に欠けるかもしれない。ただ、ともかくさまざまな「英雄神話」の誕生に、今私たちは立ち会っているということだ。最悪の形で、ではあるが。

本章では神話の戦争について見ていく。戦争は多くの人類にとって共通の経験であるが、神話ではどのように描かれるのか。何か物語としての機能を持つのか。考えていきたい。

原初の神々の戦争

神話には戦争の話が多く見られる。なお、ここでは「戦争」を「集団間の争い」と定義しておこう。神話では神々も人間も、戦争をした。まずは神々の戦争から見ていこう。メソポタミアでは、原初の時の戦争の後、世界の秩序が定まったとされている。

上ではまだ天空に名がつけられておらず、下ではまだ大地に名がつけられていなかった原初の時のことである。淡水である男神アプスーと、塩水である女神ティアマトだけがいて、両者の水が一つに混ざり合った。まだ草地はなく、葦の茂みも見当たらなかった。二人の水が混じった時に、神々が生み出された。しかし若い神々はその住まいで馬鹿騒ぎをし、ティアマトの気持ちを滅入らせた。アプスーにもその騒ぎを鎮めることができなかった。ティアマトはふさぎ込んでしまったが、寛大に取り図ろうとしていた。しかしアプスーはそうではなかった。彼はティアマトに、彼らを滅ぼそうと言った。ティアマトは怒って反対した。

アプスーが神々を滅ぼそうとしていることを、当の神々が察知し、知恵者のエア神が方策を考えて、アプスーを眠らせて殺害した。エアとその妻ダムキナの間にマルドゥクが生まれた。

一方ティアマトは、愛する夫アプスーの復讐を計画していた。七つの頭を持つ蛇をはじめ、十一の怪物を生み出し、その中のひとりであるキングーを戦闘の指揮官とした。

神々はマルドゥクにティアマトと戦うよう頼んだ。マルドゥクは自分が最高神となり、天命を定め、その言葉は決して覆されない、ということを約束させ、ティアマトと戦うことを了承した。マルドゥクは武装してティアマトと戦った。彼は悪風をティアマトの体内に送り込み、口を閉められないようにして、その中に矢を放った。矢は内臓を切り裂き、心臓を射抜いた。こうしてティアマトは殺害された。マルドゥクは将軍キングーに与えられていた〈天命のタブレット〉も取り上げ、自分の胸に付けた。

さらにマルドゥクはティアマトの死体を二つに切り裂き、その半分を固定して天空となし、もう半分を大地とした。頭の上には山を築き、両目をユーフラテス川とチグリス川の水源とした。（月本昭男訳・注解『バビロニア創世叙事詩　エヌマ・エリシュ』ぷねうま舎、二〇二二年、八〜七八頁、および、杉勇・訳者代表『古代オリエント集』筑摩世界文学大系1、一九七八年、一〇八〜一一三頁を参照）

この話によると、世界のはじまりの時、淡水の神と塩水の女神が交わって神々が生まれた。しかし父母の神と若い神々の間に争いが生じ、戦争となり、母なる神ティアマトは殺害されて、そこから世界が造られた。世界の秩序が、殺害の上に成り立っている。

原初の殺害と、死と農耕のはじまり

戦争とは、集団間の殺害である。ここで、戦争の神話よりも一つ前の段階として、殺害の神話があると仮定してみよう。すると、人間の死と農耕の起源を説明する神話に、殺害のモチーフが出てくる。たとえば次の、インドネシアのセラム島ウェマーレ族に伝わる話が典型的だ。

アメタという未婚の男が狩りの最中に猪の歯についたココヤシの実を発見した。それまで地上にはココヤシは存在しなかった。アメタがココヤシの実を植えると、三日後には高く成長した。さらに三日後には花が咲いた。彼は木に登って花を取り、飲み物を作ろうと考えた。その時指を切ってしまい、血がヤシの花に滴った。そこから一人の人間が生まれた。顔はすでに形を整えていた。三日後には胴体が、さらに三日後には小さい少女が生まれていた。彼は少女を家に連れて帰り、ハイヌウェレと名付けた。

ハイヌウェレは驚くべき速さで成長し、三日後には結婚可能な女性となっていた。彼女は普通の人間ではなく、自分の排泄物として高価な皿や銅鑼などを出した。アメタは非常な金持ちになった。

ある時村で、マロ舞踏と呼ばれる九日間にわたる盛大な祭が行われた。その祭の中で、ハイヌウェレは村の人々に高価な皿や装身具や銅鑼などを毎日配った。次第に事態は村人たちにとって不気味なものとなり、またハイヌウェレの富への嫉妬も相まって、村人たちは祭の九日目に集団で彼女を地面に掘った穴に落として殺し、その跡を踏み固めた。

ハイヌウェレが帰宅しないのでアメタは占いをして彼女の死体を探し出した。アメタはハイヌウェレの身体を細かく切り刻んであちこちに埋めた。するとハイヌウェレの身体の諸部分から、その時にはまだ地上になかったさまざまな物、とりわけ主食である芋が生じた。人々はこれによって、以降、農耕を行って芋を食べて生きていくことになった。

その時、ムルア・サテネという女神が地上を支配していた。女神はハイヌウェレを殺した人々を呪い、彼らに死の運命を定めた。それ以前、人間は死ななかったのだ。しかしハイヌウェレの死が世界で最初の死となり、以来人々は死の運命を担うことになった。（A・D・E・イェンゼン著、大林太良、牛島巌、樋口大介訳『殺された女神』弘文堂、一九七七年、五四～五八頁を参照し要約した）

この話で重要な点は、まず神的少女が生きている間は排泄物として貴重なものを出すということ、次に彼女が殺されてその死体から有用植物が生み出される点である。なお前者に関しては、神話本来の形では、排泄物として出していたのは何らかの食物であったことがほぼ確実視されている。

この話を採集し分析したドイツの民族学者イェンゼン（一八九九～一九六五年）によれば、この話の母胎には「古栽培民文化」がある。「古栽培」とは芋や果物などを栽培する人類の最も古い栽培文化だ。とくに芋の栽培はハイヌウェレの運命を説明するのに説得力がある。芋は、それを栽培する時、種芋を切り刻んでその断片を地中に埋める。そうすると新しく芋が生る。ハイヌウェレもまた切り刻まれて断片にされ、そこから最初の芋が生じたのであった。つまり彼女は芋そのものなのだ。芋そのものだからこそ、切り刻まれ、埋められなければならなかった。芋はハイヌウェレで、それは生きている。だから人々にとって芋の栽培はハイヌウェレの殺害に他ならなかった。芋を食べるたびに、彼らは殺害を繰り返していたのだ。

われわれは普通、肉や魚を食べる時には、命を殺して、それをいただいている、ということに思い至ることができる。しかし芋を食べて、それで命をいただいているとは、なかなか思わないだろう。ところが古栽培を行う人々は、そう思っていた。芋を食べることを殺害だと思っていた。だから、このような残酷に見える神話を生み出し、語り続けてきたのだ。

神的少女が殺害されて、その身体が細断され、そこから有用植物が発生したことを語るこの神話は、確かにとても残酷だ。なぜこんなに残酷なのか、と思われることだろう。それは、私たちが本当は皆、とても残酷だからだ。私たちは他の生き物を殺して食べていくことによってしか、生きていけない。動物だけでなく、植物も生きたものであり、われわれはそれを殺して食べて命をつないでいるのだと、神話は語る。人間存在のあるがままの姿を神話は見せてくれる。たとえそれがわれわれの望まない形であっても。

ハイヌウェレの死によって、人間の死と、農耕という文化が発生したとする、「ハイヌウェレ型」と呼ばれるこの神話は、人間のあり方を定め、秩序の構築を物語る話となっている。その点でメソポタミアのティアマト殺害の神話と同じ意味を持っている。

ハイヌウェレ神話と同じ型の、食物の起源を語る神話は、『日本書紀』第五段一書第十一にも記されている。

ある時アマテラスの弟ツクヨミは、食物の神ウケモチが、ツクヨミを歓待するために自分の口からご飯や魚や鳥や獣の肉を吐き出して、彼にご馳走しようとしたのを見て、嘔吐された汚い食べ物を食べさせられると思って激怒し、その場でウケモチを斬り殺してしまった。そのことを聞いたアマテラスはツクヨミの乱暴な行いに腹を立てて、以来二度と顔を合わせないと宣告した。その後、アマテラスはアマノクマヒトに様子を見に行かせると、ウケモチはすでに死んでいたが、その頭に牛と馬が生じていた。また額に粟（あわ）が、眉に蚕（かいこ）が、目に稗（ひえ）が、腹の中に稲が、陰部に麦と大豆と小豆が生じていた。アマノクマヒトがそれらを取ってアマテラスに献上すると、アマテラスは大変喜び、粟稗豆麦を畑の作物として、人間の食べ物に定めた。また稲を水田の作物として、天上で初めて稲作を行った。アマテラスはまた蚕を自分の口に入れて糸を引き出し、養蚕（ようさん）を創始した。（坂本太郎、家永三郎、井上光貞、大野晋校注『日本書紀（一）』岩波文庫、一九九四年、五八〜六〇頁を参照）

この神話では、月の神ツクヨミが食物の女神ウケモチを殺害し、ウケモチの死体から穀物の種などが生じて、農耕と養蚕の起源となった。殺害と、文化の発生が結びつけられている。またこの神話は、太陽であるアマテラスと月であるツクヨミが、基本的に昼と夜に分かれて現われ、めったに同時には出現しないことの起源ともなっている。つまりウケモチ殺害に怒ったアマテラスが、ツクヨミに二度と顔を合わせないと宣告した、というところだ。昼と夜という時間の秩序ができあがった話ともなっている。

ハイヌウェレ型神話では、神的少女の排泄物が貴重品や食物となっていた。日本神話のオホゲツヒメやウケモチの話でも、女神の吐しゃ物や排泄物が食物であった。このような「汚い」ものがなぜ大切な食物だったのか。それは、神話のはたらきとして、無秩序から秩序を語っているためと思われる。排泄物の場合で考えると、食物が口から入って身体で消化吸収されて、最後に排泄物として出てくる。これが秩序ある身体のはたらきだ。しかしその秩序が確立される以前は、排泄物と食物が区分されていなかった。「体外に排出される汚いもの」と「体内に取り入れるきれいなもの」が渾然としていた。少女や女神の殺害という事件を通じてその区分が初めて確立した、と神話は語るのだ。

殺害と、秩序の構築

メソアメリカの神話にも、殺害と秩序の構築が結びついている話がある。

ケツァルコアトルとテスカトリポカという神がいた。二人が空から舞い降りてくると、海からトラルテクトリという怪物の女神が渡って来るのが見えた。怪物は大きな口から牙をむき、体中いたるところに口を持ち、しきりに歯ぎしりをしている。この怪物を放っておいたら、天地を創ることはできないだろうと判断した二人の神は、二頭の大蛇に変身した。そして一頭がトラルテクトリの左手と右足を捉え、もう一頭が右手と左足を捉え、両側から引っ張って怪物を二つに引き裂いた。トラルテクトリの上半身は大地となり、空中に投げ出された下半身は天となった。

神々は人間が生きるために必要な様々な植物を、トラルテクトリから作られた大地から生やすことにした。彼女の髪からは草木や花、皮膚からは草や小さな花、目は泉や小さな洞窟、口は大きな河や洞窟、鼻は渓谷や山になった。

トラルテクトリは夜になると人間の血と心臓を求め、悲痛な声で叫び声をあげる。彼女を鎮めるためには、人間の血肉を与えるしかなかった。（カール・タウベ著、藤田美砂子訳『アス

テカ・マヤの神話』MARUZEN BOOKS、一九九六年、六一～六二頁を参照し要約した）

やはり原初の存在が殺害され、世界の結構と秩序が整い、犠牲という人間の文化の創始が語られている。

メソアメリカの神話では、女神が犠牲となって世界が創られた。また別の話では、神々の犠牲によって太陽が創られたのだともいう。神々が犠牲になって創られた世界にわれわれ人間は生きている。だからわれわれも、自分たちの中で一番大事なものを犠牲にしなければならない。大事なもの、すなわち命を。そのように考えて、犠牲の祭儀が頻繁に行われていた。われわれはこれを野蛮だと思いがちだ。しかしその神話を生きた人々にとっては、崇高で不可欠な「文化」であったのだ。

火の発生と殺害

原初の時の殺害の神話として、日本神話に火の神カグツチ殺害の神話がある。

原初の神イザナキとイザナミは結婚してまず国土を、次に神々を産んでいった。ところがイザナミは火の神カグツチを産んだときに陰部を焼かれ、それが原因で死んでしまった。妻の死を嘆き悲しんだイザナキは、子のカグツチを剣で切り殺した。するとそのカグツチの血から、石の神、ミカハヤヒとヒハヤヒと呼ばれる火の神、剣の神タケミカヅチ、水の神が誕生した。殺されたカグツチの身体の各部分からは、様々な種類の山の神が発生した。

（倉野憲司校注『古事記』岩波文庫、一九六三年、二四〜二五頁を参照。以下、『古事記』の出典は同書による）

おそらくカグツチとは、原初の火であり、母を殺してしまうほど危険な火であった。そしてそれは人間が扱うには危険すぎた。そこでカグツチは殺され、その血からミカハヤヒとヒハヤヒという別の火の神が誕生し、それによって自然の火が、人間でも扱える、崇高だが穏やかな火になった、と解釈することができるかもしれない。

生の前提に死がある

ここまでに見てきた神話によれば、殺害は、世界の生成や人間の命、そして豊穣の前提であった。この神話的世界観をよく表わす話として、『マハーバーラタ』のソーマカ王の話を取り上げよう。ソーマカという王が、多くの息子を得るために自分の一人息子を祭式の犠牲として殺したという話だ。

ソーマカという名の徳高い王がいた。彼にはふさわしい百人の妻がいた。彼は息子を得るために妻たちに対して大変な努力をしたが、長い時間が過ぎても一人も授からなかった。彼は年老いても精力的に努力をしていた。ある時、百人の妻の一人にジャントゥという名の息子が生まれた。母たちはいつも皆でこの子を取り巻いていた。彼の望むこと喜ぶことをしながら、常に後ろからついてまわった。

ある時、蟻がジャントゥの尻に噛みついた。噛まれた子どもは苦痛のために泣いた。するとと母たちも皆ひどく悲しんで、ジャントゥを囲んで泣いた。その声は騒々しいものだった。王は、大臣たちとの集会で祭官たちと座っていた時に、突然起ったその悲歎の声を聞いた。王は何事かと思って人を遣った。息子に起ったことを従者が語った。勇猛なソーマカ王は急いで立ち上がり、大臣たちと共に後宮に入り、息子をあやした。息子の機嫌を取ってから後宮を出ると、王は大臣を伴って、祭官たちと座った。

ソーマカ王は言った。「ああ、一人息子とは！　息子などいない方がまだいい。生類は常に苦しむものだから、一人しか息子がいないことは悲しい。バラモンよ、この百人の妻は厳選して集められた。そして息子を望む私と結婚した。しかし彼女たちは妊娠しなかった。私は全ての妻に対して努力したのに、どうにか一人息子のジャントゥが生まれただけだった。何という不幸か。これ以上不幸なことがあるだろうか。私と妻たちは年を取った。最高のバラモンよ、彼女たちと私の生命はあの一人息子に依存している。百人の息子が生まれるような、適切な祭式はあるだろうか。その祭式は、大きなものでも小さなものでも、行いがたいものでも良いから。」

祭官は言った。「百人の息子が生まれるような祭式があります。もしあなたがその祭式を行えるなら、それについて話しましょう、ソーマカ王よ。」

ソーマカは言った。「なすべきことでも、なすべきことでなくとも、百人の息子が生まれる祭式を必ず行う。尊者よ、私に語れ。」

祭官は言った。「王よ、あなたは、私が祭式を行っている時に、ジャントゥを犠牲としなさい。そうすれば、遠からず、あなたに誉れある百人の息子が生まれるでしょう。脂肪が火に供されている時、母たちはその煙を嗅ぐことで、非常に強力で勇敢なあなたの息子たちを産むでしょう。あなたの息子のジャントゥも、再び同じ母に生まれます。彼の左脇には黄金の印があるでしょう。」

ソーマカは言った。「バラモンよ、行うべきことは何でも行いなさい。息子を得るために、あなたの言葉を全て実行しよう。」

祭官はジャントゥを犠牲としてソーマカ王に祭式を執り行わせた。母たちは息子を憐れんで強く引き止めた。「ああ、私たちは死んでしまう」と言って泣きながら、激しく悲しんだ。母たちは彼の右手を摑んで引っ張った。祭官は左手を摑んで引き戻した。母たちが雌のミサゴのように悲しんでいる間に、祭官は息子を引っ張って、儀軌に従って彼を細かく切り刻み（犠牲にし）、彼の脂肪を火に供えた。脂肪が火に供えられている間、母たちはその匂いを嗅いで、苦しみながら突然地面に倒れた。そして全ての妻たちは胎児を孕んだ。十月を経て、ソーマカの全ての妻たちに完全な百人の息子が生まれた。ジャントゥは長男として同じ母から誕生した。彼は母たちにとって、他の自分たちの息子以上に愛しいものだった。彼の左脇には黄金の印があった。彼は美質を有し、百人の中で最も優れていた。

（第三巻第一二七章～一二八章。筆者訳・要約。沖田瑞穂『マハーバーラタ入門』勉誠出版、二〇一九年、一一〇～一一二頁を引用）

この話では、王が一人息子の命を犠牲にして、百人の息子を授かった。生殖の前提に、殺害と死があるのだ。その点で、ハイヌウェレの、殺害によって芋の発生という豊穣を手に入れた話と、同じ神話論理に基づいていると言える。

ところでなぜソーマカ王は一人息子がいるにもかかわらず多くの子を望んだのか。これにはインドの祖霊信仰が関係している。インドでは周知のとおり輪廻転生の思想が高度に練り上げられてきたが、それとは理論的に矛盾が生じるにもかかわらず、祖霊信仰が盛んである。人は死んだら祖霊になり祖先の霊と合一するという思想である。祖霊は天界で神々と同列に列せられ楽しく暮らしているが、他方で常に飢えている。したがって子孫によって供物が捧げられなければならない。祖霊のために供物を捧げることができるのは子孫、それも男子のみである。そのため、男子の誕生がどうしても求められたのだ。ソーマカ王にはジャントゥという一人息子がいたが、祖霊祭を確実に行わせるためには一人では心もとなかった。百人の息子を得ることで、ようやく安心できたということなのだ。

切り刻みのモチーフ

前述のように、インドネシアの神話で、神的少女のハイヌウェレは、生きている間はさまざまな貴重品を排泄物として出した（おそらく神話本来の形では、さまざまな食物を排泄した）。しかし人間たちに殺され、その死体が切り刻まれて最初の芋となった。人々はこの芋を食べて生きることになった。

この話の中で、死体の細断のモチーフが重要な意味を持っている。ハイヌウェレの死は、芋の栽培を背景としているからだ。芋は、切り刻んで、それを土に埋めて栽培する。ハイヌウェレは、芋そのものの女神として、切り刻まれたのだ。

この切り刻みのモチーフが、インドなど、他地域の神話にも見られる。『マハーバーラタ』の話を見てみよう。


クル王国の王妃となるガーンダーリーは結婚前に、飢えと疲れで憔悴してやって来た聖仙ヴィヤーサを丁重にもてなしたために、彼から望みを叶えてもらえることになり、百人の息子を望んだ。やがて彼女はドリタラーシュトラ王と結婚し、懐妊したが、二年経っても子は生まれなかった。そのうち、夫の弟の妻クンティーに素晴らしい長男が生まれたことを聞き、悩んだ挙句に彼女は自分の腹を強く打った。すると一つの肉の塊が生まれた。彼女がそれを捨てようとすると、ヴィヤーサがやってきて、その肉塊に冷水を注いで百個に分け、それぞれをギー（精製したバター）に満ちた瓶の中に入れ、それらを注意深く見守った。そしてさらに二年が経ったらそれらの瓶を割るようにとガーンダーリーに言ってか

ら、ヴィヤーサは去った。時が満ちて、長子のドゥルヨーダナをはじめとする百人の息子（カウラヴァと総称される）が誕生した。（第一巻第一〇七章。筆者訳・要約）

肉の塊を切り刻んで、そこから子孫を得ているのだ。同じモチーフは、第一章で取り上げた中国の洪水神話にも出てくる。洪水を生き残った兄妹が結婚してひとつの肉塊を産んだが、それを切り分けると人間が生じた、という話だ。

これらのインドや中国の肉塊細断の話にも、ハイヌウェレ的な、芋栽培の文化を前提とした要素が、部分的に認められると言えるかもしれない。

子孫繁栄と殺害

生殖と死は表裏一体である、というのが神話的思考である。そのことは、特にハイヌウェレ型の神話によく表われていた。同じ思考が、そう遠くない過去のインドにおいて、現実のものであったことを示す恐ろしい論文を見つけた。「子どもを得るための儀礼的殺害」（"Ritual Murder as a Means of procuring children", by Sir Richard C. Temple, *The Indian Antiquary*, 1923, May, pp. 113-115）という論文だ。
インド領アンダマン諸島の中心都市ポートブレアはかつて流刑地であった。左記は、そこの犯罪者植民地の監督が記録した、北インドの良く知られた慣習についての事例である。

1．ベギー

一八九五年十二月二日にポートブレアの流刑地に収容され、二年後に死亡。一八九三年五月五日に殺人の有罪判決が出されていた。歳は四十歳頃。彼女と共に、娘のアミーリーにも嫌疑がかかった。

この親子は一八九三年三月二日に、ベガムという名の三歳の女の子を殺害した。供述によると、彼女は自分が誰かの長男か長女を殺して、その死体の上で沐浴をすれば、自分に男の子が生まれると信じていた。そこである日、ベガムがベギーの家の近くで彼女の娘のマーモンと遊んでいる時に、ベギーとアミーリーがその子をさらってベギーの家に連れ込み、ナイフで喉を切った。死体は隠しておいて、次の日家の隅に埋葬した。翌日、死体はアミーリーによって村の池の側にある大麦畑に運ばれ、ベギーがその死体の上で沐浴をし、死体を池へ流した。しかしそれは沈まなかったので発見された。

2. ジョイ

一八九六年に放火殺人の有罪判決。藁葺(かやぶ)きの小屋に火を放ち、その中で眠っていた二人の男性を焼き殺した。自白によると、彼女は子どもを得るために、呪術師の助言に従って小屋を燃やした。彼女は結婚して十二年経ち、二人の子どもがいたが、どちらも幼いうちに亡くなり、その後子どもができなかった。

判事によれば、十九世紀の北インドでは、女性が子どもを得るために、儀礼的な目的で人を殺害するという事件が、「珍しくなかった」ということである。

ここに挙げた事例は、ハイヌウェレ神話のような農作物などの豊穣とは何の関わりも持たない。しかし、生の前提に死がある、という考え方が、ハイヌウェレ神話の母胎となった文化の論理に通じる。殺された女神の死体から有用植物が生じたとする神話は、同時に人間の死の起源と生殖による子孫繁栄をも説明していた。近代の北インドでは、その世界観が農作物の豊穣よりも子孫繁栄の方に極端に偏っていたようである。

首切りと豊穣

殺害の神話として次に、インドのガネーシャ神の首切りの話を取り上げたい。

シヴァの妃、パールヴァティー女神はある時入浴中に夫が帰ってきたことを恥ずかしがって、自分だけの息子を作って門番とすることにした。パールヴァティーは自分の体の垢を取って、そこから人の形を作り、神を生み出した。これがガネーシャである。パールヴァティーはガネーシャに門番を命じると、さっそく沐浴を始めた。

そこにシヴァ神が帰ってきて、中に入ろうとする。ガネーシャは母の命令を頑なに守って中に入れようとしない。そこでシヴァとガネーシャの間に争いが起こった。長く戦った両者であったが、とうとうシヴァがガネーシャの首を落とした。

ガネーシャの細密画。1746年。

これを知ったパールヴァティーは悲しみに沈んだ。妃の悲しみを解くため、シヴァは最初に道を通った者の首をガネーシャに付けることにした。最初にやって来たのが一本だけ牙を持つ象であった。この象の首を取ってガネーシャに付けてやった。こうしてガネーシャは一本の牙を持つ象の頭の神となった。（沖田瑞穂編訳『インド神話』岩波少年文庫、二〇二〇年、一五二～一六一頁を参照）

ガネーシャは首を切られて、その首を象のものに付け替えて再生したという。

ところでこの「首を切り落とす」という部分に着目すると、首狩りの話が思い起こされる。首狩りは、とくに東南アジアなどの初期農耕民族の間で、豊穣を促進する目的で行われていた可能性が高い（山田仁史『首狩の宗教民族学』筑摩書房、二〇一五年）。たとえばロタ・ナガ族は、作物の豊作を確保するために、出会った者は誰であれ首や手や足を切り落としたのだという。それは穀物の豊作を確保するために畑に（死体の一部を）立てるために行われた。（山田『首狩の宗教民族学』、一七七頁）

また台湾には、プユマ族の首長が一九六七年に民俗学者のシュレーダーに語った内容として、次のようなものがある。金子えりかが日本語に訳したものだ。

敵の首を取れば、それは種に効く。だから、首は種の友なのだ。私の言うことは正しいだろうか？　取った敵の首だよ、そう！　それは先人の伝統だ。切り落とした敵の首だ。首がなければ、獲物も、幸運も、収穫もない。そう言われている。だから、それ（首）は、言わば種の友だ。（後略）（山田『首狩の宗教民族学』、一八五頁を引用）

このように首狩りに豊穣の意味が見いだせるとすると、生殖と豊穣の神でもあるシヴァが息子の首を取るという話の背後にも、豊穣の神話としての意味が隠されているのかもしれない。

殺される植物神

神話では、殺害を被る神が植物神である場合がある。たとえば次のギリシア神話のアドニスである。

アドニスは木の中で成長して、幹が割れて誕生した。アプロディテはその赤子を一目見て、あまりの美しさに夢中になり、成長したら自分の愛人にすることに決めて箱の中に隠

ピーテル・パウル・ルーベンス、一七世紀。『ヴィーナスとアドニス』。メトロポリタン美術館所蔵。(ヴィーナスはラテン語ウェヌスの英語読みで、ウェヌスはギリシアのアプロディテのこと)

し、冥界の女王ペルセポネに、「決して中を見ないように」と言って預けた。

しかしペルセポネはこの頼みを聞かずに箱の中を見た。そしてたちまちアドニスの魅力のとりこになって、アプロディテが何と言っても返そうとしなかった。二人の女神はアドニスを巡って激しく争ったが、しまいにゼウスが裁定を下した。そしてアドニスは、一年の三分の一は地下でペルセポネと暮らし、三分の一は地上でアプロディテと暮らし、残りの三分の一は自分の好きなようにしてよいことになった。するとアドニスは、自由にしてよいことになった三分の一も、アプロディテと共に暮らすことを選んだ。

こうしてアプロディテはアドニスを自分の手元に取り戻して、夢中で寵愛した。しかしそのために、それまで女神の愛人であったアレスが激しく嫉妬して、狩に熱中しているアドニスのもとに、猪を送ったとも、あるいは自ら猪に変身して襲い掛かったとも言われている。アドニスはこの猪の牙にかかって死んでしまった。アプロディテは猛烈に嘆き悲しみ、アドニスの血を赤いアネモネの花に変えた。(『世界神話事典　創世神話と英雄伝説』、二一九〜二二〇頁を参照し、沖田瑞穂『世界の神話　躍動する女神たち』岩波ジュニア新書、二〇二二年、六〜七頁を引用、表記と語尾を変更した)

このアドニスの死は、毎年繰り返される。つまりアドニスは一年の三分の二を地上でアプロディテと暮らすが、猪に襲われて命を落とし、冥界のペルセポネのもとへ行く。そしてまた次の春がやって来ると地上に戻りまたアプロディテと暮らす。植物が毎年生長して死ぬことを繰り返すように、アドニスもこのようにして死と再生を繰り返すのかもしれない。

北欧のゲルマン神話では、死ぬ神としてバルドルがある。最高神のオージンとその妃フリッグの子、麗しの神だ。この神の背景にも、死んで蘇る植物神の姿が見え隠れしている。

バルドルはオージンとフリッグの息子で、容姿端麗、明るく輝き、アース神たちの中で最も賢く、雄弁で、いつくしみ深い神だった。

バルドルはある日、自分の命について重大な夢を見た。彼がその夢をアースたちに告げると、彼らはそろって相談し、バルドルのためにありとあらゆる危険からの安全保障を求めた。母のフリッグが、火と水、鉄とあらゆる金属、岩石、大地、樹木、病、動物、鳥、毒、蛇がバルドルに害をなさないことの誓いを取った。この誓いが確かに実行されたのを確認すると、アースたちはバルドルを集会所に立たせ、彼に弓を射たり、斬りつけたり、石を投げたりした。しかし何をされようともバルドルを害するものは何一つなかった。これはアースたちには大きな栄誉に思われた。

しかしロキは気に入らなかった。彼は女に化けてフリッグの所に行き、「本当にあらゆるものが、バルドルに害をなさないと誓ったのでしょうか」と尋ねると、フリッグは、「ヴァルホルの西に一本の若木が生えていて、ヤドリギと呼ばれています。これは誓いを要求するには若すぎると、私は思いました」と言った。女に化けたロキは立ち去り、ヤドリギをつかんで引き抜き、集会所へ行った。盲目のホズが神々の輪の外に立っていた。ロキは彼に話しかけ、「私が君に、バルドルの立っているところを教えるから、この枝を彼に投げつけて、彼に敬意を表しなさい」と唆した。ホズはヤドリギを受取り、ロキの指示通りバルドルに投げた。ヤドリギはバルドルを貫き通し、彼は息絶えて大地に倒れた。

最大の悲劇が神々と人間に起こったのである。神々は悲しみのあまり涙にくれて口をきくこともできなかった。なかでもオージンは、バルドルの死がアース神にとってどれほどの損失であるかよく承知していたので、とりわけ痛手であった。

アースたちの中の勇士ヘルモーズが冥界の女王ヘルのもとへ行き、バルドルのための身代金を払って、返してもらえないかどうかやってみようということになった。ヘルモーズはオージンの馬スレイプニルに乗って冥界へ行った。ヘルの屋敷の大広間に、バルドルが高座に腰掛けているのが見えた。ヘルモーズはヘルに、バルドルを返して欲しいと頼み、どれほど多くの涙が彼のために流されているか語った。するとヘルは条件をつけた。「もしも世界中のもの、生きているものも死んでいるものも、彼のために涙を流したなら、彼はアースたちのもとに返してやろう。だが、もし誰かが反対したり涙を流そうとしなかったなら、この冥界に留まらせる。」

ロキに唆されたホズに殺害されるバルドル。一八世紀のアイスランドの写本より。

ヘルモーズが帰還すると、神々は使者

を全世界に送り、バルドルのために泣いてくれるよう求めた。そして、すべてのものが泣いた。人間も生き物も大地も岩石も火もあらゆる金属も。しかし洞窟にいる女巨人だけは泣かなかった。この女巨人はロキであると、人々は考えている。（菅原邦城『北欧神話』東京書籍、一九八四年、二〇二〜二〇八頁を参照し、沖田『世界の神話』、一三四〜一三七頁を引用、表記と語尾を変更した）

こうしてバルドルは死んでしまったが、やがて起こる神々と巨人の最終戦争「ラグナロク」の後に蘇って、新たな世界の王となるとされている。これもまた、本来はアドニスのような「死んで蘇る植物神」の神話であったのかもしれない。

ここまで「殺害」の神話を取り上げてきたが、それは特に世界のはじまりの時に、世界や人間の食べ物を生み出すために必要なこととされていた。そして殺害すなわち死は、生と表裏一体であり、生や生殖や豊穣のために必要と考えられていた。

人間は常に何かの「死」の上に成り立っている。そうでしか成り立たないのだ。動物も植物も「生きた」ものであるとみなす、神話的思考においては。

アウズフムラの乳を飲むユミル、ニコライ・アビルゴール、1790年。

「世界巨人型」

先に取り上げたティアマトやトラルテクトリのような、原初の巨人が殺されてその身体から世界が創られるというタイプの神話を「世界巨人型」と呼ぶ。類話は北欧にもある。

原初に旧き巨人のユミルがいた。アウズフムラという牝牛が乳を与えてユミルを養っていた。牝牛は塩辛い霜の石をなめていたが、石をなめた最初の日の夕方に、石から人間の髪が出てきた。二日目には人間の顔が、三日目には人間の全身が現われ出た。この男はブーリと呼ばれ、顔立ち美しく、身体は大きく力持ちだ。ブーリは息子ボルをもうけ、ボルは巨人の娘ベストラを妻にして三人の息子をもうけた。これがオージンとヴィリとヴェーである。後にオージンが天地の支配者になる。ボルの息子たちがユミルを殺した。そしてユミルの死体から世界が作られた。ユミルの肉から大地が、血からは海が、骨からは岩石が、髪からは樹木が、そして頭蓋骨からは天がつくられた。そして彼のまつげからは、人間の住むための場所ミズガルズが作られた。さらにユミルの脳みそからは雲が、作られた。（菅原『北欧神話』、一八〜二三頁を参照し要約した）

殺害の神話には、段階があるように思われる。ハイヌウェレ型や、世界巨人型といった「殺害によって世界の秩序が整う」という神話があり、その次の段階として、「神々の戦争によって世界の秩序が整う」という話が形成され、さらに次の段階として、叙事詩に語られるような、神々と人間を巻き込む大規模な戦争の物語が語られるようになったのではないか。

ギリシア神話の王権交代

メソポタミアの神話にあったような原初の戦争というと、ギリシアにも同様の話がある。若い神々が上の世代の神々を倒して、世界の秩序を構築したという話だ。ギリシアの神々の王権は、ウラノス、クロノス、ゼウスの順番で、親から子に移っていった。ウラノスは息子であるクロノスに生殖器を切り取られ、王位を退いた。クロノスは息子によって王位を奪われると予言を受けたので、妻のレイアから、産まれた子らを取り上げては呑み込んでいた。末子のゼウスだけがウラノスの母でありながらその妻となったガイアによって助けられ、後に彼がクロノスを戦いで打ち負かし、地底の暗黒界タルタロスに送り込んだ。

これも、ゼウスを頂点とする神々の序列という秩序の構築が、血で血を洗う戦争によって可能になったことを物語る話となっている。

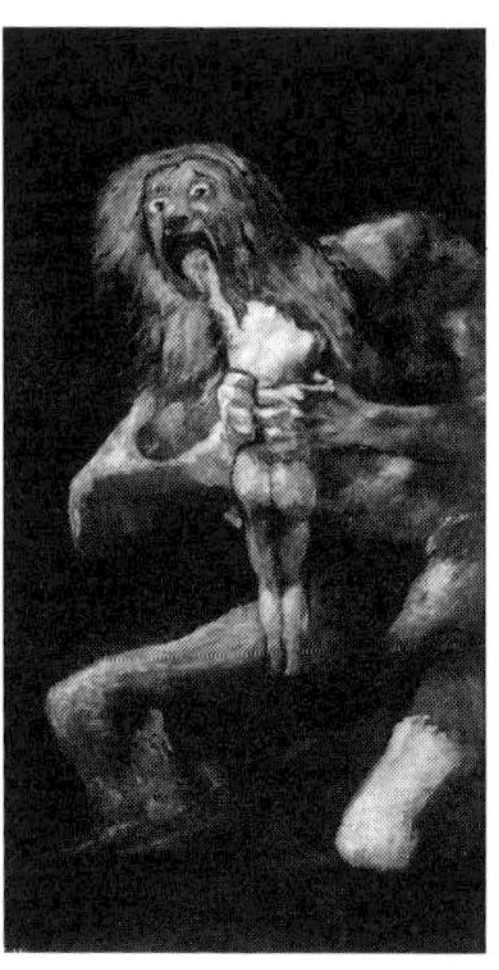

「我が子を喰らうサトゥルヌス（クロノス）」フランシスコ・デ・ゴヤ、1819〜1823年、プラド美術館。

日本神話の国譲り

日本の神話では、メソポタミアやギリシアの話ほど血なまぐさくはないが、やはり集団間の争い、すなわち戦争の神話と呼んでいいような話がある。「国譲り」の神話である。

アマテラスは、地上の葦原中国を自分の息子のアメノオシホミミ（スサノヲとのウケヒによって生まれた最初の子）に統治させようと考えて、オシホミミを高天原から地上へ向かわせた。しかしオシホミミは、地上の様子がひどく騒がしいと言って高天原に帰ってきてしまった。そこでタカミムスヒとアマテラスは、知恵にすぐれたオモヒカネに対策を考えさせ、アメノホヒという神を遣わして、葦原中国の乱暴な神々を説得させようとした。しかしアメノホヒはオホクニヌシに媚びへつらって、三年たっても高天原に何の連絡もしなかった。

次にタカミムスヒとアマテラスは、またオモヒカネや他の神々と相談して、今度はアメワカヒコという神を遣わすことにした。神々は弓と矢をアメワカヒコに授けて、地上に遣わした。ところがアメワカヒコは葦原中国に着くと、オホクニヌシの娘シタテルヒメを娶り、その国を自分のものにしようと企んで、八年たっても天に報告をしなかった。

アマテラスとタカミムスヒは、大勢の神々と相談し、鳴女という名の雉を遣わすことにした。

鳴女は、葦原中国に降りてきて、アメワカヒコの家の前の神聖な桂の木の上にとまり、「あなたは葦原中国の荒ぶる神々を服従させるために遣わされたのに、なぜ八年たっても何の報告もしないのか」と、高天原の神々の言葉を伝えた。その時、アメノサグメという女神がその鳥の鳴くのを聞いて、その鳥は不吉だから殺してしまいなさい、とアメワカヒコに勧めた。アメワカヒコは、天の神々から授かった弓矢で、その雉を射殺してしまった。雉の胸を貫いたその矢は、逆さまに天まで昇っていき、天の安の河原にいるアマテラスとタカミムスヒのもとに達した。タカミムスヒは、かつてアメワカヒコに授けたその矢に血がついているのを見て、「もしもアメワカヒコが命令に背かずに、悪い神を射た矢がここまで飛んできたのなら、この矢はアメワカヒコに当たるな。もし邪心を抱いているのならば、アメワカヒコはこの矢に当たって死ね」という呪いをかけて、その矢を飛んできた方向に向かって投げ返すと、アメワカヒコの胸に命中し、命を奪った。これが返し矢の始まりである。

アメワカヒコが死んでしまったので、その妻シタテルヒメの泣く声が、風に運ばれて天まで届いた。それを聞いたアメワカヒコの両親や兄弟たちは、地上に降りて来て八日間にわたって葬儀を執り行った。

その時、シタテルヒメの兄弟のアジスキタカヒコネが、アメワカヒコの弔いにやって来た。このアジスキタカヒコネは、アメワカヒコと容姿が瓜二つだったので、アメワカヒコの両親も妻のシタテルヒメも、彼が生き返ったのだと思ってアジスキタカヒコネの手足に取りすがって泣いた。アジスキタカヒコネは、死者と間違えられたことをひどく怒って、身に付けていた剣で遺体を安置していた喪屋を切り倒して飛び去っていった。

アメノホヒもアメワカヒコも命令に従わなかったので、今度は天の安の河の河上にいるイツノヲハバリという神か、その子のタケミカヅチを遣わすことにした。このイツノヲハバリは、天の安の河の水を逆さまに塞き上げて、道を塞いでいたので、鹿の神格化したアメノカクという神が使者になって神々の命令を伝えた。イツノヲハバリは、自分の息子のタケミカヅチを神々に差し出した。アマテラスは、タケミカヅチにアメノトリフネ（天鳥船　神々の乗り物）を添えて、葦原中国に遣わした。

タケミカヅチは、出雲の伊耶佐の浜に降りて来て、剣を抜いて波頭に差し立てて、その剣の切っ先にあぐらをかいて、オホクニヌシと向かい合い、葦原中国をアマテラスの息子に譲るように求めた。オホクニヌシは自分では返事をせず、息子のコトシロヌシに答えさせた。コトシロヌシは、この国はアマテラスの御子に譲りましょうと答えた。

するとそこに、オホクニヌシのもう一人の息子タケミナカタが、千人でなければ動かせないような大きな岩を持ってやって来て、タケミカヅチに力比べによる競技を申し出た。まずタケミナカタがタケミカヅチの手を摑むと、その手が氷柱に変化し、次に剣の刃に変化したので、タケミナカタは恐れて引き下がった。次にタケミカヅチがタケミナカタの手を摑むと、葦の葉を摑むように握りつぶしてしまった。タケミナカタは遠く諏訪の地まで逃げていき、追いかけてきたタケミカヅチに、決してその地を離れないことを誓い、オホクニヌシとコトシロヌシに従って、葦原中国をアマテラスの御子に譲ることに同意した。（タケミナカタは諏訪大社に祀られている）
タケミカヅチは再び出雲のオホクニヌシのもとへ行き、あなたの二人の息子は中つ国を譲ることに同意したが、あなたの意見はどうなのか、と尋ねた。オホクニヌシは、次のように答えた。「この葦原中国は献上しましょう。けれども、私の住むところは、天つ神の御子の住まう宮殿のように、立派なものにしてください。」その言葉の通りに、出雲に立派な宮殿が作られた。（『古事記』）

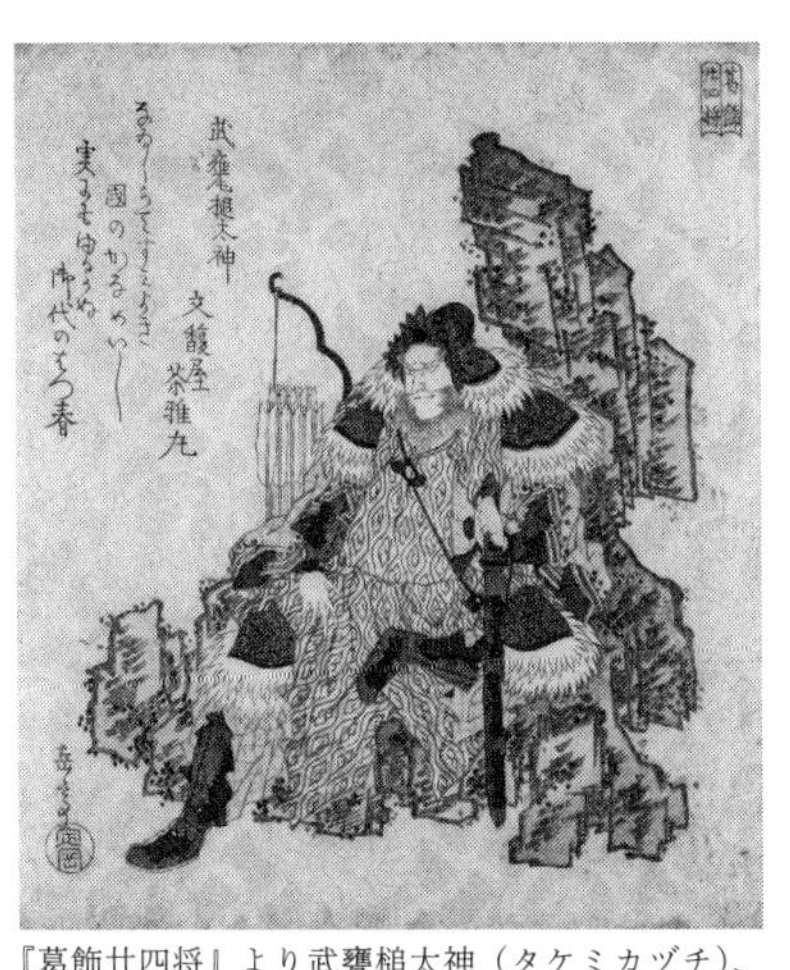
『葛飾廿四将』より武甕槌太神（タケミカヅチ）、岳亭春信（八島岳亭）、19世紀半ば頃。

国譲りの神話では、アマテラスとタカミムスヒを頂点とする天上世界・高天原と、オホクニヌシが統べる地上の葦原中国の対立が述べられる。天の神が三度目に降した剣の神によって、国譲りが完了した。戦争というほどの血なまぐささは薄められているものの、集団間の争いの話となっている。そしてその後に、アマテラスの子孫が地上を支配するという新たな秩序が確立している。
このように世界の神話で殺害や戦争の後に秩序が構築される、というパターンが繰り返されていることを見てきた。ではなぜ戦争の後に秩序が構築されるのか。秩序のための殺害とは何か。

北欧神話の終末・ラグナロク

おそらく、秩序はそれ以前の状態を破壊して再構築される必要があった。本書の第一章で考察したように、神々は洪水を起こして世界をリセットし、新たな秩序ある世界を造った。同様に、戦争によってそれ以前の秩序を破壊し、新たな世界を造るのだ。そのことがよりはっきりと分かる話が、北欧神話の「ラグナロク」である。世界の最後の時に行われる、神々と巨人族の最終戦争だ。

不吉な前兆は、鶏の鳴き声によってもたらされる。巨人の世界では赤い雄鶏フィャラルが鳴き、神々のもとでは黄金のとさかをしたグッリンカンビが、冥府では赤いとさかが煤で黒くなった雄鶏が、鳴き声を上げる。その時、ガルムという犬が吠え、枷(かせ)をちぎって逃げ出す。フェンリル狼もまた鎖をちぎって自由になる。人間たちの間では戦争が起こり、兄弟同士が殺しあう。誰も他人を赦さない世が来る。

いよいよ世界の終りの時になると、狼が太陽を呑みこみ、別の狼が月を呑みこみ、星々は恐れて隠れてしまう。大地と山々は震え、樹木は大地から根こそぎに抜ける。海では、世界を取り巻く巨大なミズガルズ蛇が陸に上がろうとするため激しく波が陸地に押し寄せる。フェンリルは目と鼻孔から火を噴き出し、ミズガルズ蛇は毒を吹き出す。

天の原初の炎の地・ムスペッルから軍隊が進む。その先頭にはスルトがいる。彼の前と後ろには燃える火が輝く。巨人族のロキとフリュムもやって来る。ロキは娘である冥界の女王ヘルの仲間を従えている。フリュムは霜の巨人族を従えている。これらの軍はヴィーグリーズの野に集う。

神々の見張り番であるヘイムダッルが力の限りギョッルの角笛を吹き、神々に戦争のはじまりを知らせる。神々は武装してヴィーグリーズの野に向かう。最高神オージンは槍のグングニルを手にフェンリル狼に向かう。戦神トールの相手はミズガルズ蛇だ。美しきフレイはスルトと戦う。激しい戦いの後、フレイが倒れる。かつて従者のスキールニルに渡してしまった宝剣を持っていなかったことが、彼の死の原因となる。テュールという神が

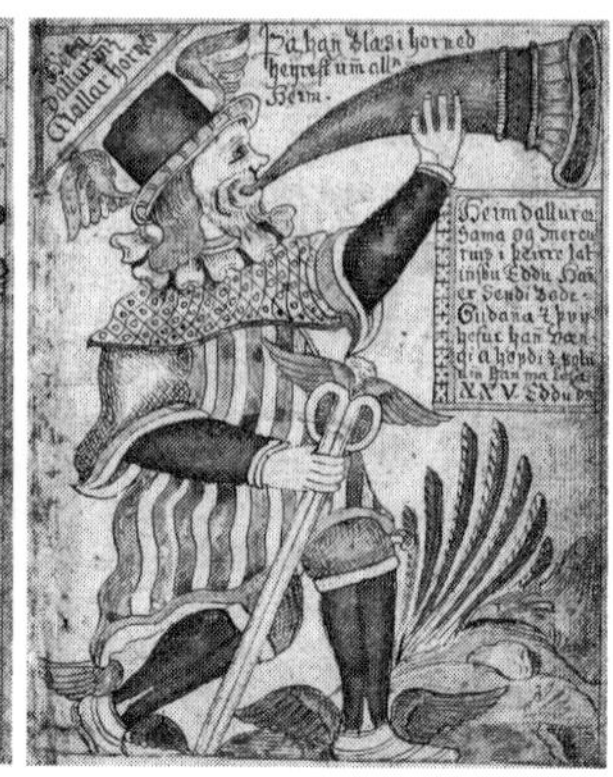

［右］ギョッルの角笛を吹くヘイムダッル、18世紀のアイスランドの写本より。
［左］最高神オージン、18世紀のアイスランドの写本より。

ガルム犬と戦うが、相討ちになる。トールはミズガルズ蛇を倒すが、彼が九歩退いたところで、蛇が最期に吹きかけた毒のために息絶える。フェンリル狼がオージンを呑みこみ、これが最高神の死となる。オージンの息子で巨人の血を引くヴィーザルが、狼の上あごと下あごを引き裂いて殺し仇を討つ。ロキとヘイムダッルは戦って相討ちになる。生き残ったスルトが地上に火を投げて全世界を焼く。

（菅原『北欧神話』、二八四〜二九五頁を参照）

こうして、すべてが炎に包まれ、それは海に呑みこまれていく。

この様子は、第一章で取り上げた、洪水や津波によって大地が水中に沈み、世界がいったんリセットされることと似ている。「ラグナロク」でも、世界は終末を迎えたままではない。新しい世界が生まれてくる。

海から緑したたる大地が現われる。そこでは種を蒔かなくても穀物が実る。死んだバルドルと、その殺害者ホズが生き返る。彼らの息子たちが新たな世界の支配者となる。人間の中では二人の男女が森に身を潜めてスルトの炎から生き残る。彼らから人間が生まれる。

（菅原『北欧神話』、二九六〜二九九頁を参照）

神話の戦争とは、混沌あるいは古い秩序を破壊して、リセットして、新たな秩序を作り上げる話なのだ。

秩序構築の「装置」としての戦争

殺害や戦争は当然、誰の目にも非道であり、その行いは残虐である。しかし神話はそれをためらうことなく語る。なぜなら繰り返しになるが、神話とは倫理でも道徳でもなく、教訓を説くものですらないからだ。そこには原初の暴力があふれている。

神話は文学とは異なる。その大きな違いは「作者」の不在だ。神話は、編纂者などの名前が伝わることはあっても、最初にその話を創り語ったのが誰なのか、分かっていないことがほとんどだ。その作者不在という神話の特性ゆえに、神話は暴力や理不尽や倫理道徳の不在を恐れることがない。それによって人々の批判にさらされることがないからだ。

神々の戦争にはどこか「リアリティ」が伴わない。それはあたかも、秩序構築のための「装置」でしかないかのようだ。これについては、また後に考察することにしよう。

［第三章］

人間の戦争

『マハーバーラタ』

神話には戦争を物語るものが多く見られる。それは、人間が、争う生き物だからだ。本性において、人はどうしようもなく争い、殺し合うのだろう。歴史がそれを証明している。しかしそれをそのままにはしておけない理性がある。戦争の神話はその理性の産物だろう。戦争の悲劇を架空の物語という箱に入れて語り継ぐことで、現実に起こる争いに歯止めをかけようとしたのだ。

人類の知恵、それが戦争の神話だ。

ここではインドの戦争叙事詩『マハーバーラタ』を見ていくことにする。神々と人間が入り混じって物語を構成するこの叙事詩は、人類が戦争物語に何を託したかったのかを、よく表わしていると思われるからだ。（以下、『マハーバーラタ』の紹介は、沖田『マハーバーラタ入門』および沖田『マハーバーラタ、聖性と戦闘と豊穣』を元に作成した）

大地の重荷

戦争の原因となったできごとについて、『マハーバーラタ』は神話的な説明をしている。すなわち「大地の重荷」である。大地に人間など生類が増えすぎてしまい、大地の女神がその命を養うことができなくなった。大地の女神は創造神ブラフマーに歎願した。ブラフマーは神々に命じ、神々は地上に化身を降した。こうして生まれた神的英雄たちによって、クルクシェートラの戦争が行われることになる。その戦争によって多くの命が奪われ、大地の女神は目的を達する。

とても怖い話である。人減らしが大戦争の目的なのだ。人間は、殖えていけばよいわけではない、殖えすぎると大地が生類を養うことができず、貧困や餓死につながる。そのことが、とても恐れられていた。

パーンダヴァ五王子の誕生から結婚まで

『マハーバーラタ』の主役の五人王子の誕生も、きわめて神話的である。母は人間、父は神々である。

クル族のパーンドゥ王にはクンティーとマードリーという二人の妃がいたが、まだ子どもはいなかった。パーンドゥは、ある時鹿に変身したバラモンの呪いを受け、自らの種によって子孫を残すことが永遠に不可能な身体となってしまった。

一方王妃クンティーは、呪文によって神を呼び出して、その神の子を宿すことができるという祝福を授かっていた。パーンドゥは神々を呼び出して自分の代わりに妃との間に子を作らせることにした。クンティーは呪文によってまずダルマ神を呼び出し、この神との間に子をなした。こうして生まれたのがユディシュティラである。同様に風神ヴァーユによってビーマを得た。次に神々の王インドラを呼び出し、最大の英雄アルジュナを得た。

もう一人の妃マードリーも、クンティーの呪文によってアシュヴィン双神という常に行動を共にする双子の神を呼び出し、双子のナクラとサハデーヴァをもうけた。このようにして生まれた五人の息子を、名目上の父の名をとって、「パーンダヴァ五兄弟」と呼ぶ。

ある時パーンドゥは森でマードリーと交わって呪いが成就し、命を落とした。マードリーは夫の火葬の薪に登って死んだ。残された双子はクンティーが養育した。

こうしてクンティーは五人の息子を得たことになるが、実は彼女にはもう一人、息子がいた。結婚前に産んだカルナという太陽神の子だ。

まだ結婚前の少女であった時、クンティーは客としてやって来たドゥルヴァーサスという恐ろしく気難しい聖仙を丁重にもてなした。ドゥルヴァーサスはクンティーに呪文を授けた。好きな神を呼び出して、その神の子を授かることができるという呪文だった。

クンティーは好奇心にかられて太陽神を呼び出し、子をなした。その子は鎧と耳輪を付けた神々しい子であった。しかし結婚前の娘であったので、クンティーはその子カルナを河に流した。ラーダーの夫スータ（御者）のアディラタがその子を河から拾い、妻と共に育てた。

一方、パーンダヴァ五兄弟と対立することになる従兄弟の百兄弟の誕生はこのようなものであった。百兄弟の母は王妃ガーンダーリーである。

ガーンダーリーには百人の息子を授かるという恩寵が与えられていた。彼女はクル国のドリタラーシュトラ王と結婚し、懐妊したが、二年経っても子は生まれなかった。悩んだ挙句に彼女は自分の腹を強く打った。すると一つの肉の塊が生まれてきた。それを捨てようとすると、ヴィヤーサ仙がやってきて、肉塊を百個に分割し、ギーという乳製品の中に入れて養育させた。時が満ち、長男のドゥルヨーダナをはじめとする百人の息子（カウラヴァ百兄弟）と娘のドゥフシャラーが誕生した。

パーンダヴァ五王子とカウラヴァ百王子は、ドローナという人物に武術を教わった。このドローナの息子がアシュヴァッターマンで、戦争物語の最後に重要な役割を担うことになる。

やがて王子たちが成長すると、王の前で武術を披露する御前試合が行われた。多くの高貴な人々が集う中、まずビーマと百王子の長男ドゥルヨーダナが棍棒戦を始めたが、そのあまりに激しい戦いぶりを恐れたドローナによって中止された。ビーマとドゥルヨーダナは宿敵関係にあって、戦争の最後にふたたび一騎打ちをすることになる。

次にアルジュナが弓の術を披露した。その様子は、火や風などを作り出す魔術的なものだった。

そこにカルナが現われ、アルジュナとの一騎打ちを求めた。しかし素性を問われると、御者の息子でしかない彼は恥じてうつむくしかなかった。そこにドゥルヨーダナが出てきて、カルナをアンガ国王に任じ、二人は永遠の友情を結んだ。御前試合はこれで終了となった。

ドゥルヨーダナは五兄弟への憎しみと、王位継承権を奪われる警戒心を募らせていた。ある時ドゥルヨーダナは、父王を巧みに籠絡して、パーンダヴァ五兄弟をクンティーとともにヴァーラナーヴァタの都に追放させた。その上でドゥルヨーダナは腹心のプローチャナに「燃えやすい家」を建てさせ、そこにパーンダヴァを住まわせ、時機を見て家を焼き、一家を焼死させるよう命じた。しかしすべてを見抜いていたユディシュティラの機転で、一家はそれから一年後に家を抜け出し、森での放浪の旅へと出た。

森で羅刹（らせつ）のヒディンバが襲いかかってきたが、ビーマがこれを殺害した。ビーマはその羅刹の妹であるヒディンバーと一時的に結婚生活を営み、ガトートカチャが生まれた。彼は後に大戦争で父を助けて活躍することになる。

パーンダヴァ五兄弟は、パーンチャーラ国で王女ドラウパディーの婿選び式（スヴァヤンヴァラ）が行われることを知らされ、正体を知られないようバラモンに変装してそこに向かった。王女の婿は、弓の競技によって決められることになっていた。強弓が用意され、その場にいた王侯の誰も引くことができなかったが、バラモンに変装したアルジュナがやすやすと弓を引いてドラウパディーを妻に得た。

これを不満に思った王侯たちとの間に戦いが起こったが、そこに現われたクリシュナと、その兄バララーマが場を収めた。クリシュナは、ヴィシュヌ神が降した化身であり、アルジュナと固い友情を結んだ。

ドラウパディーは、クンティーの誤解から、五兄弟の共通の妻となった。これは前世から定められていることであった。

ドラウパディーとパーンダヴァ五兄弟は一妻多夫婚という、きわめてまれな結婚形態を取っている。これは当時のインドにおいても例外的な結婚とみなされ、『マハーバーラタ』の中でもさまざまに議論された。

繁栄と追放

五兄弟とドラウパディーは、クル国に戻ると、ドリタラーシュトラ王より王国の半分を与えられた。兄弟はそこに美しい都インドラプラスタを築いた。王国は大いに繁栄した。

さて、パーンダヴァはドラウパディーを妻として共有するにあたって、取り決めをした。兄弟の一人がドラウパディーと共に寝所にいる時に、その場に別の兄弟が立ち入ったら、その者は十二年間森で修行生活を行う、というものだった。

アルジュナとスバドラー、ラヴィ・ヴァルマ、1890年。

ところがアルジュナが、どうしても武器を取らなければならない状況になり、ユディシュティラがドラウパディーと共にいる寝所に入っていった。このためアルジュナは放浪の旅に出た。旅の最後に彼は、クリシュナの妹スバドラーを、クリシュナと本人の同意のもと略奪し、妻として連れ帰った。ドラウパディーは、召使の恰好をして現われたスバドラーを温かく歓迎した。

ドラウパディーは五人の夫との間にそれぞれ一人ずつ子をもうけたが、彼らは五人とも大戦争で命を落とす。スバドラーの息子アビマニユも戦争で命を落とすが、その時アビマニユの妻ウッタラーが妊娠していて、その子が後の王国の系譜につながっていくことになる。

森を焼く

パーンダヴァがインドラプラスタを治めていた時のこと。クリシュナがやって来て、アルジュナとともにヤムナー河へ遊びに行った。そこに一人の光輝くバラモンが現われて、空腹を満たすためにカーンダヴァの森を焼くことを二人に求めた。そのバラモンの正体は火神アグニであった。

アルジュナはアグニ神がヴァルナ神から借りたガーンディーヴァ弓を持ち、クリシュナは円盤を持って、戦闘の準備を整えた。アグニは森を焼き始めた。多くの動物が森から出ようとしたが、アルジュナとクリシュナはそれらの動物たちを追いかけて殺戮した。火神アグニは多くの犠牲を平らげて大喜びであった。インドラ神がやってきて雨を降らせたが空中で蒸発した。インドラは自ら、子であるアルジュナと戦ったがその武勇に満足して天界へ帰った。

森から生きて出られたのは、タクシャカ竜王、蛇のアシュヴァセーナ、アスラのマヤ、四羽のシャールンガカ鳥の七名のみであった。森の生き物たちは、火神の炎に焼き尽くされた。

この「カーンダヴァの森炎上」の話は奇妙である。アグニを満腹にさせるためという名分があったにせよ、森の動物を大量虐殺するとは、いかにも残酷だ。何か意味があるのだろうか。

その一つの鍵となるのが、森火事から助かった「七名」である。実は、『マハーバーラタ』の主題であるクルクシェートラの大戦争で、パーンダヴァ陣営で最後に生き残るのも、「七名」なのだ。しかも、その戦争の最後には、陣営に火が放たれる。「火」の要素と「七名が助かる」という要素が共通しているのだ。つまりこのカーンダヴァ森の話は、戦争の予兆となっている。

戦争に向かう

アルジュナに森火事から救われたアスラのマヤは、ユディシュティラ王のための壮麗な集会場を造った。集会場ができあがると、ユディシュティラはそこに入場し、一万人のバラモンたちを供応した。名高い聖仙たち、王たちがそこに集った。さらにユディシュティラはラージャスーヤという大きな祭式を執り行った。

ドゥルヨーダナはユディシュティラの美しい都で、水晶のような池を床と思って歩こうとして水に落ち、ビーマとアルジュナ、双子に笑われ、怨みを深く募らせて国に帰っていった。

ユディシュティラは完璧な王であったが、一つだけ欠点があった。骰子賭博に目がなかったのだ。そこに付け込んだドゥルヨーダナは、叔父のシャクニといかさまの骰子賭博を計画し、ユディシュティラを招いた。

クル王国に来たユディシュティラは、賭博に負け続け、王国と全財産、四人の弟をも賭けて失い、最後にはドラウパディーを賭けて、負けてしまった。ドゥルヨーダナは彼女を「奴隷女」と呼び、衆目の面前でその身にまとう一枚の布をもはぎ取ろうとした。ドラウパディーは切々と法を説いて周囲に助けを求めたが、誰も彼女に救いの手を伸ばさなかった。

結局、五兄弟とドラウパディーは一三年間王国を追放され、うち一二年間は森で暮らし、残りの一年は誰にも正体を知られずに過ごさなければならなくなった。

放浪の旅が始まった。その中で、アルジュナは父神インドラとシヴァに、ビーマは兄神であるハヌマーンに、ユディシュティラは父神ダルマに、それぞれ会って通過儀礼を経た。

インドラは、息子アルジュナのためにカルナから無敵の耳輪と鎧を奪い取ることをたくらみ、バラモンに変装してカルナに近づき、施しとして耳輪と鎧を受け取り、代わりに一撃必殺の槍をカルナに渡した。この槍は一度しか使えないことになっていた。

十三年目がやってきた。誰にも正体を知られずに過ごすため、六人はヴィラータ王の宮殿で、変装してそれぞれの特技を活かして働くことにした。ユディシュティラは賭博に長けたバラモンとなり、ビーマは料理人となり、アルジュナは腕の傷跡を隠すため女装して後宮で働くことにした。双子のナクラとサハデーヴァは馬飼いと牛飼いになった。ドラウパディーは王妃付きの侍女となった。

十三年が経過した。パーンダヴァ五兄弟は約束通り王国の半分を返すよう要求した。クル族の中で意見は分かれていた。ユディシュティラは何とか戦争を避けようと、クリシュナを平和使節としてクル族のもとに送ったが、交渉は決裂した。

戦争の気配が濃厚となる中、クンティーは意を決してカルナに会いに行き、彼の出自を明かした。カルナはそれを疑わなかったが、自分を捨てたクンティーを責めた。カルナは言った。「あなたの五名の息子は滅びることはありません。アルジュナを欠く時はカルナがいて、このカルナが殺された時にはアルジュナがいるのですから」。クンティーの苦悩は大きかった。

パーンダヴァ軍の総司令官として、ドラウパディーの兄ドリシュタデュムナが選ばれた。カウラヴァ軍の総司令官にはクル族の長老ビーシュマが就いた。

アンバー物語

ここでビーシュマをめぐる因縁を紹介するため話ははるか昔に戻る。

ビーシュマは、ヴィチトラヴィーリヤ王（パーンドゥの前の王）の妃とするため、カーシ国の婿選び式（スヴァヤンヴァラ）の会場に赴き、三人の王女、アンバーとアンビカーとアンバーリカーを力ずくで連れ去った。ところがアンバーはサウバ王シャールヴァを夫とすることを心に決めていたので、ビーシュマに訴えて許され、サウバ国へ向かった。ところがシャールヴァ王は、「一度他の男が手を触れた女を妻に迎えることなどできない」と言って彼女を拒んだ。

サウバ王に見放され、クル国に帰ることも、自国に戻ることもできず、不幸の原因はビーシュマにあると確信したアンバーは彼への復讐を誓い、苦行を始めた。するとそこにシヴァ神が現われ、「そなたは男性として生まれ変わり、戦争においてビーシュマを殺すであろう」と告げた。アンバーは一刻も早く生まれ変わることができるよう、火に入って自殺した。彼女はドルパダ王の娘シカンディニーとして生まれたが、後に性転換して男性のシカンディンとなった。

戦争

一方、クル国の王で盲目のドリタラーシュトラが戦争の状況を知ることができるよう、ヴィヤーサ仙は御者のサンジャヤに千里眼などさまざまな力を与えた。サンジャヤは王に戦争の様子を克明に話して聞かせる役割を担うこととなった。

戦争を前にして、アルジュナは血のつながった一族の者同士の戦争に疑問を抱き、ためらいを見せていた。するとクリシュナが神としての本来の姿を顕わし、またヨーガの境地について説いてアルジュナを悩みから解き放った。これが聖典「バガヴァッド・ギーター」である。

第一日目から、クルの将軍ビーシュマが獅子奮迅の活躍をした。

第四日目にはビーマが羅刹のヒディンバーとの間にもうけた息子のガトートカチャが参戦した。

第五日目も激しい戦闘が続いた。

第六日目、ドリシュタデュムナ（ドラウパディーの兄）が武器「プラモーハナ・アストラ」を用いた。敵の戦士たちはそれによって知性と勇気を奪われ、正気を失い、失神した。ドローナはそれを見て、「プラジュニャー・アストラ」を用い、「プラモーハナ・アストラ」を無効にした。

カウラヴァ勢は戦場に復帰した。ドローナの活躍はめざましいものであった。

第七日目も激しい戦闘が続いたが、ビーシュマは相変わらず無敵であった。

ビーシュマを倒す必要があったパーンダヴァは、クリシュナの助言により、彼自身を倒す方法を教えてくれるようビーシュマに願った。ビーシュマは、「私は女性とは戦わないと誓っている。だから、以前女性であったシカンディンを盾にして、アルジュナがその背後から弓を射れば、私を殺すことができるだろう」と教えた。

戦争十日目、前世からの恨みを晴らすべく、シカンディンはビーシュマに激しく矢を射かけた。ビーシュマは時が来たことを悟った。アルジュナはシカンディンの後ろから強力な矢を無数に放った。ビーシュマの身体は矢で覆われ、やがて戦車から落下した。彼は地面に落ちてもなお生きていた。矢の床に横たわるビーシュマを見て、クル軍もパーンダヴァも悲しみにくれた。

ビーシュマの次に、王子たちの武術の師であるドローナがクルの軍総司令官となった。

第十三日目には、アルジュナの子アビマニユが孤立無援で戦い、大勢に取り囲まれて若い命を落とした。アルジュナの悲しみは深かった。

その夜も戦いは続いた。クリシュナは奸計（かんけい）を思いつき、ビーマの息子ガトートカチャをカルナと戦わせた。その戦いは互角であった。カルナはインドラ神に授かった一撃必殺の槍を使わずにはいられない状況に追いやられていた。それはアルジュナ殺害のために取っておかれていたが、仕方なく彼はそれを放った。ガトートカチャはその槍に心臓を貫かれて息絶えた。

クリシュナはアルジュナにこう言った。「カルナが注意を怠って、その戦車の車輪が穴にはまった時に、彼を殺しなさい」。

戦争は十五日目となっていた。クリシュナはドローナを倒すためまたも奸計を立てた。ドローナの息子であるアシュヴァッターマンが殺されたと言ってドローナの生きる気力を失わせる作戦だった。ユディシュティラは、真実の人であるのでこの作戦には抵抗があった。ビーマはアシュヴァッターマンという名の象を殺した。ユディシュティラは不明瞭に「(象の)アシュヴァッターマンが殺された」と言った。これ以前、彼の戦車はその徳のために宙に浮いていた。しかしこれ以後、彼の戦車は地面に触れるようになった。

絶望したドローナは武器を捨て、戦車の上でヨーガに専心し、天界へ旅立った。

父の死を知ったアシュヴァッターマンは復讐を誓い、水に触れて最強の武器「ナーラーヤナ」を現出させた。クリシュナは全軍に、「戦車から降り、武器を捨てよ。あの武器は、戦えば戦うほど力を増すが、戦わない者を殺すことはない」と教えて命じた。パーンダヴァ軍はそれに従ったが、ビーマだけは頑なに戦いを続けた。瀕死の状態となった彼を、アルジュナとクリシュナが戦車から降ろした。こうして武器は無効となり、清らかな風が吹いた。

戦争第十六日目、ビーシュマとドローナの後の軍司令官にカルナがついた。カルナはクリシュナに匹敵する御者として、シャリヤを自分の御者に指定した。

激戦が続く中、ビーマはカウラヴァ百兄弟の次男ドゥフシャーサナと交戦し、彼を大地に引き倒すと、剣でその喉を裂き、心臓を引き裂いた。そして噴き出す血を飲んで、かつて集会場でドラウパディーを辱めたことへの復讐を果たした。

アルジュナとカルナは決戦の時を迎えていた。激しい戦いの最中に、カルナの戦車の車輪の片方が地中に沈んだ。カルナは、戦車をもとに戻すまで待つようにアルジュナに願ったが、アルジュナはカルナ打倒を祈念して矢を放ち、カルナの首を落とした。

カルナの身体から光があらわれ、天に昇っていった。

戦争は十八日目となっていた。カルナの後、シャリヤが軍司令官となったが、ユディシュティラに殺された。百兄弟の生き残りは、長男ドゥルヨーダナの他、あと一人のみとなった。ドゥルヨーダナは逃げて湖の奥深くに隠れた。しかしパーンダヴァはその場所を見つけ、ドゥルヨーダナとビーマの一騎打ちが始まった。両者が得意とする棍棒戦であった。激戦の中、またもクリシュナの策略により、アルジュナが自らの左腿をたたいてビーマに知らせた。その合図はドラウパディーへの侮辱を思い起こさせるものであった。ビーマはドゥルヨーダナの腿を棍棒で打ち砕いた。しかしそれは反則であった。

クリシュナは親友のサーティヤキ、パーンダヴァ五兄弟を連れてオーガヴァティー川の堤に行った。

アシュヴァッターマン、クリパ、クリタヴァルマンは瀕死のドゥルヨーダナのもとに駆けつけた。ドゥルヨーダナはアシュヴァッターマンを最後の軍司令官に任命した。

夜襲

アシュヴァッターマン、クリパ、クリタヴァルマンの三人は森に潜んだ。他の二人が眠りに落ちる中、アシュヴァッターマンは怒りのあまり眠ることができないでいた。その時彼は、一羽の梟が、静かに鳥の群れに近づき、次々に虐殺を始める様子を見た。

アシュヴァッターマンはひらめいた。その梟のように、夜陰に乗じてパーンダヴァ軍を滅ぼすのだと。そして眠る二人を起こして計画を話した。クリパはどうにか引き止めようとしたが無駄であった。その時シヴァ神がアシュヴァッターマンの前に現われ、一振りの剣を与えた。アシュヴァッターマンは破壊神シヴァの化身となって、今、パーンダヴァ陣営を滅ぼす役割を担わされたのだ。

アシュヴァッターマンはパーンダヴァの陣営に入り込むと、まず父の宿敵である将軍ドリシュタデュムナの天幕に向かい、熟睡している彼を蹴りつけ、殺害した。ドラウパディーの五人の息子とシカンディンも殺された。彼はさらに殺戮を続け、その上火を放ったので、パーンダヴァ陣営は全滅した。三人は大殺戮の成功を喜んだ。

アシュヴァッターマンらは瀕死のドゥルヨーダナのもとに行き、パーンダヴァ陣営の全滅を報告した。ドゥルヨーダナは満足のうちに息を引き取った。

ブラフマシラス

アシュヴァッターマンの夜襲から逃れられたのは、陣営から離れていたパーンダヴァと、クリシュナと、クリシュナの親友サーティヤキの七名のみであった。パーンダヴァはアシュヴァッターマンを追った。行き場をなくしたアシュヴァッターマンは葦を手に取ると、それを「ブラフマシラス」という武器に変化させた。それは世界を破滅させる恐ろしい武器であった。するとアルジュナが同じ「ブラフマシラス」を現出させて、アシュヴァッターマンの武器を無効にしようとした。二つのブラフマシラスが現われたため、世界にはさまざまな異変が起こった。

雷が鳴り響き、多くの流星が落ち、天地は鳴動した。その武器がもし使われれば、その地は十二年間一滴の雨も降らず死の地となる。

聖仙たちが両者を制止し、武器の撤回を求めた。アルジュナは撤回したが、アシュヴァッタトーマンにはできなかった。武器を回収することは、武器を発動させることよりもずっと難しいことなのだ。かわりにアシュヴァッターマンは、その武器をパーンダヴァの妃たちの子宮に放った。こうしてパーンダヴァの血筋は断絶したかのように思われた。クリシュナは彼を呪い、胎児殺しの罪として、三千年間誰とも話をすることなく地上を彷徨え、と言った。アシュヴァッターマンは頭につけていた宝石をユディシュティラに渡すと、去って行った。

千里眼を持つサンジャヤから戦争の報告を受けたドリタラーシュトラ王は、玉座から落ちて気絶した。ヴィヤーサ仙は王に語った。そもそもこの戦争は大地の重荷を軽減するための神々の計画であったのだと。戦士たちは目的を達成して死んだのだと言って、王をなぐさめた。

一方、息子たちの全滅を知った王妃ガーンダーリーは怒りと悲しみをクリシュナに向けた。「あなたはそれができたのに、この世界の破滅に無関心だった。だから今から三十六年後に、あなたの一族は滅ぶでしょう」。

即位と死

ユディシュティラは戦争で死んだ戦士たちの弔いをした後、即位した。

戦争で倒れた長老ビーシュマは、矢の床に横たわったまま死なないでいた。彼には死ぬ時を自分で定めることができるという恩寵が授けられていたのだ。彼はユディシュティラにさまざまな教説を残し、自らの意思で息を引き取った。母であるガンガー女神が現われ、息子の死を嘆いた。

ユディシュティラは、戦争の罪を浄めるためのアシュヴァメーダ（馬祀祭）を行った。

ユディシュティラは十五年間適切に王国を統治した。

ドリタラーシュトラ王は妃ガーンダーリーとともに森に隠棲することにした。パーンダヴァの母クンティーも二人に従った。王弟ヴィドゥラもまた森に入った。彼が死んだ時、その魂はユディシュティラと合一した。二人は共にダルマ神の化身であり、本来は同一の存在であったからだ。

それから二年後、山火事によりドリタラーシュトラ、ガーンダーリー、クンティーは命を落とした。

戦争から三十六年が経った。ガーンダーリーの呪いが成就して、クリシュナの一族は互いに害しあって全滅した。

クリシュナの死が迫っていた。ジャラー（「老齢」の意）という狩人が鹿を追ってやって来て、ヨーガに入り地面に横たわっているクリシュナを鹿と間違えて射て、その踵を矢で貫いた。こうしてクリシュナは死に、天界に還り、本体であるヴィシュヌ神と合一した。

クリシュナの死をアルジュナから聞いたユディシュティラは「時が来た」と言った。この世を去る時が来ていた。アルジュナの孫であるパリクシットをクル族の王としてハスティナープラを治めさせ、クリシュナの一族の生き残りであるヴァジュラをインドラプラスタの王とした。パーンダヴァとドラウパディーは装飾品を捨て、一匹の犬を連れて最期の旅に出た。アルジュナはガーンディーヴァ弓と二つの箙（えびら）を海に投じてヴァルナ神に返した。

六人はヒマーラヤを越え、メール山を前にした。その時ドラウパディーが倒れた。ユディシュティラは言った。「彼女は五人の夫の中でアルジュナに特別な思いを寄せた。それが彼女の罪だ」。

次にサハデーヴァが倒れた。ユディシュティラが告げた彼の罪は、「知恵において自分に匹敵する者はいない」と考えたことだった。

次にナクラが倒れた。その美貌を誇ったことが彼の罪であった。

次にアルジュナが倒れた。力におごったことが彼の罪であった。

ビーマが倒れた。その罪は大食らいであることであった。

ユディシュティラと、一匹の犬だけが残された。迎えにやってきたインドラ神に、彼は犬とともに天界に昇りたいと願ったが、インドラは置いていくよう命じた。ユディシュティラは自分に忠実なものを捨てることはできないと主張した。すると犬はダルマ神としての姿を現わした。これはユディシュティラへの試練であったのだ。ユディシュティラは天界へ迎え入れられた。

その天界に弟たちと妻の姿はなかった。ユディシュティラは彼らを求めて地獄に降り、彼らの姿を認めると、地獄に留まる決意をした。

するとインドラが現われ、すべてはマーヤー（幻）であることを説明した。一度は地獄を見る必要があったのだ。ユディシュティラは天界に昇り、なつかしい人々と再会した。

『マハーバーラタ』の戦争とは

『マハーバーラタ』では、大地の重荷軽減のための戦争の準備から話が始まり、神々が化身を地上に降し、女主人公の凌辱が戦争の原因となって、十八日間にわたって戦争が行われることになった。そして神の子として生まれた英雄たちも、最期には人間としての罪を問われて死んでいく。

一体この戦争は、何を物語っているのだろう。第二章で、神々の間での殺害や戦争は、新たな秩序構築のための「装置」であるという見通しを立てた。実は、『マハーバーラタ』の戦争も同様に考えることができる。この戦争はインドの四つの神話的時代区分のうち、三つ目のドゥヴァーパラ・ユガから、四つ目のカリ・ユガへ移行する指標となっているのだ。（ユガの移行と戦争に関しては、下記の研究がある。Simon Brodbeck, *Divine Descent and the Four World-Ages in the Mahābhārata: or, Why Does the Kṛṣṇa Avatāra Inaugurate the Worst Yuga?*, Cardiff University Press, 2022)

さらに繰り返すように、この戦争は人口調整のための「装置」でもあった。

ギリシアの戦争物語である「トロイ圏伝承」も、同じように考えることができる。まずこのギリシアとトロイの戦争は、大地の女神の負担、すなわち増えすぎた人類を減らすために行われた。次のような話だ。

> ある時あまりにも数の増えすぎた人間の重荷に耐えかねた大地の女神が、その重荷を軽減してくれるようにゼウスに嘆願した。ゼウスは彼女を憐れみ、計画を立てた。まず女神テティスを人間ペレウスと結婚させて英雄アキレウスを誕生させ、またゼウス自身と人間

の女レダとの間に絶世の美女ヘレネを生まれさせた。そしてこの二人の主人公によって準備されたトロイ戦争において多くの人間を殺し、大地の負担を軽減した。（吉田敦彦『ギリシア神話と日本神話』みすず書房、一九七四年、七〇頁を参照）

インドで『マハーバーラタ』の戦争を境に時代が移るとされているように、ギリシアでも、トロイ戦争を境に、時代が移るとされている。ギリシアでは、人間には五種類あり、盛衰を繰り返した。始めは黄金の種族で、すべての善きものが備わっていたが、自然に滅びた。次は白銀の種族で、前よりも劣った種族であり、ゼウスが滅ぼした。次は青銅の種族でさらに劣っており、互いに滅ぼしあった。次が英雄の種族で、輝かしい半神の英雄たちの時代である。戦争がこの時代を終わらせた。最後は鉄の種族で、これが今の人間であり、昼も夜も悲嘆の止む時はない。

この五つの種族のうち、英雄の種族から鉄の種族に移るきっかけとなったのが、トロイ戦争であった。やはり戦争が、時代を推移させる「装置」となっている。

ドラウパディーの怒り

先に述べたように、クルクシェートラの大戦争は、大地の女神の重荷から始まった。増えすぎた生類の重荷を減らすためにこの大戦争が計画されたのだ。そしてそのための布石として、英雄たちや女性たちが生まれたことになっている。そのようにして始まった戦争の中で、特に注目したいのが女性たちの役割だ。大地の女神から始まった戦争の中で、女性たちはどのように役割を果たしたのか。鍵となるのは「怒り」の感情である。何よりもドラウパディーの怒りである。ユディシュティラが賭博で負け続け、ドラウパディーをも賭けて失った時、彼女は生理中で一枚の衣のみを身に着けて部屋にこもっていた。そこを、ドゥルヨーダナのすぐ下の弟ドゥフシャーサナが、彼女の髪をつかんで集会場に引きずり出し、その衣を剝ごうとまでした。ドリタラーシュトラ王には聡明なヴィドゥラという弟がいるが、彼はこの事件がクル族の破滅につながることを予言している。

「ドラウパディーがあなた方の集会所に行ったということは、クルの一族よ、あなたたちは終わりだということだ。このパーンチャーラ王の娘は、かの最高のシュリー女神である。運命によって創られたパーンチャーラ王女は、パーンダヴァに嫁いだ。怒れるパーンダヴ

ァはドラウパディーの苦痛を許しはしないだろう。強力なヴリシュニの人々（クリシュナの一族）や、勇猛なパーンチャーラの人々も、許しはしないだろう」。（第二巻第七二章第二七〜二九詩節）

ヴィドゥラの言葉通り、ドラウパディーはことあるごとに夫たちに自分の受けた屈辱を長々と話して聞かせ、戦争によって屈辱を晴らすことを求めている。たとえば森での放浪の中で、このようにユディシュティラに述べる場面がある。

「ドルパダの家に生まれ、偉大なパーンドゥの義理の娘である私が森に入ったのを見ながら、なぜあなたの怒りは増大しないのですか、ユディシュティラよ。きっとあなたには怒りが存在しないのでしょう。弟たちと私を見ても心が苦しまないのだから。この世界に怒らないクシャトリヤはいないと伝えられています。しかし今、クシャトリヤであるあなたにおいてその反対を見ます。時が来ても威光を示さないクシャトリヤを、全生類は常に軽蔑するでしょう。あなたは敵に対して忍耐すべきではありません。あなたの威光によって、敵たちは疑いなく殺され得るのだから」。（第三巻第二八章第三二〜三六詩節）

ドラウパディーの懇願は兄弟たちに対してだけでなく、クリシュナに対してもなされる。大戦争が始まる直前に、クリシュナが平和使節としてクル族のもとに行こうとした時、ドラウパディーは彼に次のように訴えている。

「蓮のような目を持つ者よ、敵との講和を望むあなたは、ドゥフシャーサナの手によって引きずられたこの髪のことを常に思い出すべきです。クリシュナよ。もし臆病なビーマとアルジュナが平和を望むなら、年老いた私の父が、強力な戦士である息子たちと共に戦うでしょう。また、偉大な勇者である私の五人の息子が、アビマニユを先頭にしてクル族と戦うでしょう。もし私が、切り取られて泥にまみれたドゥフシャーサナの黒い腕を見ないならば、私の心にどんな平穏があることでしょう。私は十三年間を耐えて過ごしました。燃える火のような怒りを心に宿しながら。今この剛腕のビーマがダルマを遵守するなら(平和を望むなら)、私の心は引き裂かれてしまいます」。(第五巻第八〇章第三六～四一詩節)

このように夫たちやクリシュナに対して戦争による名誉挽回を求めるドラウパディーは、誕生の時に受けた「クシャトリヤ滅亡の原因となる」という予言を忠実に遂行している。実際にこの戦争によって、パーンダヴァとカウラヴァ両家のほとんどの戦士が死滅するのである。

アンバーの怒り

ドラウパディーの怒りが戦争に発展したように、『マハーバーラタ』では女性の怒りが戦争の重要な展開に寄与する。次にアンバーの怒りについて、先にも少し触れたのであるが、詳しく見ていきたい。

カーシ国に三人の王女がおり、アンバー、アンビカー、アンバーリカーといった。王女たちが年頃になると、父王は婿選び式（スヴァヤンヴァラ）を開いた。王侯が集う中、クル族のビーシュマが戦車でやって来て、三人の王女を攫って戦車に乗せ、連れ去ろうとした。会場に集った王侯たちと争いになったが、勝利をおさめたビーシュマは王女たちを連れてクル国に戻り、王女たちをヴィチトラヴィーリヤ王の妃とするよう手配した。

ところが王女たちの長女であるアンバーは、サウバ国王シャールヴァを夫とすることを心に決めていた。彼女はビーシュマに願って許され、クル国を出てシャールヴァ王のもとに行った。しかしシャールヴァは、一度他の男が手を触れた女など妻にできないと冷たく言ってアンバーを拒絶した。

アンバーは父のもとに戻ることもクル国に行くこともできず、行き場を失い、元凶はビーシュマであると考えた。

彼女は森で母方の祖父に会い、この祖父の友人で名高いバラモンであるパラシュラーマに相談することになった。パラシュラーマが現われると、アンバーは事の元凶であるビーシュマ殺害を懇願した。

パラシュラーマらはビーシュマのもとに行ったが、ビーシュマはアンバーを受け取ることを拒否した。そこでパラシュラーマとビーシュマの間で決闘が行われることになった。戦いは二十三日間続いた。結果は引き分けであった。アンバーは怒って去って行った。

アンバーは激しい苦行に身をゆだねた。その苦行を見たシヴァ神が彼女の願いを叶え、来世においてビーシュマを殺すであろうと定めた。アンバーは薪を積み上げて火をつけ、その中に入っていった。

アンバーはドルパダ王（ドラウパディーの父）の娘として生まれ、息子として育てられ、やがて性転換して男となり、戦争でビーシュマ殺害のための決定的な役割を果たすことになる。

戦場で戦うのは男の英雄たちだ。しかしその戦争の背景には、重荷に苦しむ大地の女神や、屈辱を晴らすことを望む、怒れるドラウパディーがいる。またアンバーは、怒りによって生まれ変わって男性となり、戦場に出ていくことになった。「戦う男性」と「苦しみ怒る女性」が表裏一体となって、戦争の物語を創り上げている。

本章の最初に記したように、人間の戦争神話は、どうしても争ってしまう人間の本性に対して、その歯止めとなるべく語られたのではないかと考えている。人間も、神々であっても、争いながら生きてきた。それを語ることで、人々は自らを戒めてきたのだ。神話はだから、「鏡」なのかもしれない。鏡を見て人は自らの外見を整える。そのように、神話を聞いて、それを鏡として、人は己の心と向き合ってきたのだ。

［第四章］

現代の戦争神話

『バーフバリ』と『マハーバーラタ』

二〇一八年に大流行したインド映画に『バーフバリ』がある（二部構成、「伝説誕生」「王の凱旋」。日本ではいずれも二〇一七年公開。S・S・ラージャマウリ監督）。日本では熱狂的なファンが多く生まれ、何十回と劇場に足を運び、「王を称え」、一斉に「バーフバリ・コール」を発した。雑誌などでも『バーフバリ』特集が組まれたこともあり（『ユリイカ』二〇一八年六月号など）、もはや社会現象とも言えるような盛り上がりであった。

この『バーフバリ』には、『マハーバーラタ』の神話世界を題材としている箇所が多く見られる。その点で、神話を現代によみがえらせた作品であると言えるだろう。ここでは、この映画の神話学的視点からの分析を行うことで、現代の戦争神話の在り方について考えていきたい。（以下、映画『バーフバリ』の内容に触れている箇所がある。ご注意いただきたい。また、以下の『バーフバリ』についての論考は、二〇一八年から二〇一九年にかけて、新潮社の web 連載「考える人」の「インドの神話世界」で五回にわたって公開した記事を元にし、加筆修正している）

『バーフバリ』は、「マヒシュマティ王国」の王位継承権を巡る、二人の王子の争いが中心となるテーマである。共感を持って描かれる主人公はマヒシュマティ王国の王子アマレンドラ・バーフバリと、その息子マヘンドラ・バーフバリだ。

敵役の王子（のちに王）はバラーラデーヴァ。バラーラデーヴァの実母であるシヴァガミが、生まれたばかりのアマレンドラを引き取って、自らの子と同様に愛情を注いで育てた。

アマレンドラの妻が「クンタラ王国」の王女デーヴァセーナである。シヴァガミとデーヴァセーナ、姑と嫁の軋轢（あつれき）がやがて破滅的な結末を王国にもたらす。バラーラデーヴァの策略に落ちたシヴァガミの命令で、アマレンドラが命を落とすのだ。

しかしその時、アマレンドラとデーヴァセーナの息子が誕生する。すべてが息子の悪巧みだったことを理解したシヴァガミは、この息子をマヘンドラ・バーフバリと名付け、次の王であることを宣言し、この子を守り抜いて命を落とす。

マヘンドラは滝の下の村で成長して何も知らないままマヒシュマティ王国へ行き、クンタラ王国の残党である女戦士アヴァンティカと恋に落ちる。アヴァンティカの懇願で、そうとは知らずに捕らわれの母デーヴァセーナを救出する。アマレンドラがかつて叔父のように慕い、信をおいた最強の剣士・カッタッパからすべてを知らされ、彼の助けを得て、バラーラデーヴァと戦い王権を取り戻す。

この作品には、インド神話のモチーフがいろいろと出てくる。

舞台となる王国マヒシュマティは、シヴァ神をあがめる国だ。一方、クンタラ王国はクリシュナ神をあがめている。

主役のアマレンドラとマヘンドラの親子は、名前にどちらも「インドラ Indra」を含んでいる。それぞれ分解すると、「アマラ・インドラ amara-indra（不死なるインドラ）」と、「マハー・インドラ mahā-indra（偉大なるインドラ）」という意味になる。

シヴァとクリシュナとインドラと、インドの神々が出てきた。それぞれの特徴をみてみよう。

シヴァ神は、ヒンドゥー教の三人の最高神のうちの一人である。まずヒンドゥー教は多神教で、多くの神々が崇拝されている。「三人の最高神」とは、その多神教世界を構成している神々の中でも、世界を創造するブラフマー神、その世界を維持管理するヴィシュヌ神、そして時が来るとその世界を破壊するシヴァ神の三神のことで、最も上位の神とされている。

究極的には、この三神こそが宇宙の同一の最高原理のあらわれとされており、「トリムールティ」（三神一体）という説が出てくるようになる。つまり、「一つの最高原理」がまずブラフマーとして現われて世界を創造し、次にヴィシュヌとして現われてその世界を維持し、最後にシヴァとして現われてその世界を破壊する、というものだ。

シヴァ神はこのようにインドの壮大な宇宙の流れの中に在って世界を破壊する恐ろしい破壊神であるが、一方で、生殖と子授けの神でもあり、その象徴はリンガと呼ばれる男性の生殖器だ。生と死という、相反するように思われる両側面を担う神であるが、すでに見てきたように、神話で生と死は切り離しがたい、表裏一体の関係にある。

映画『バーフバリ』は、シヴァ神をあがめるマヒシュマティ王国の軍事大国としての側面を強調している。この王国のシヴァ的な性格を表わしているように思われる。

次にクリシュナ神は、ヒンドゥー教の三人の最高神のひとり、ヴィシュヌの化身とされる。化身というのは、神が、仮に人間や動物などの姿を取って地上に現われたものを指す。インターネットで用いられる「アバター」という用語は、「化身」を意味するサンスクリット語「アヴァターラ」に由来する。クリシュナはまた、『マハーバーラタ』の英雄でもあり、牧女たちの衣服を盗んだりするいたずら者の神でもあり、いくつもの側面を持つ複雑な神である。『バーフバリ』では、このクリシュナ神を崇拝するクンタラ国を、自然豊かで牧歌的な雰囲気で表現しており、クリシュナのイメージが伝わってくる。

アマレンドラとマヘンドラの名にその名が含まれるインドラ神は、シヴァ神やクリシュナ＝ヴィシュヌ神よりも、一段階低い地位にあるが、ヒンドゥー教より古い、バラモン教の神話の中では、「神々の王」として崇拝を集めていた。ヒンドゥー教に入って、シヴァやヴィシュヌが台頭し、相対的に地位を落とした。自然現象としては雷の神、そして戦の神である。仏教によって日本に入り、帝釈天と呼ばれている。

『バーフバリ』では、アマレンドラが死んだ日にマヘンドラが息子として誕生した。この親子がどちらも名前に「インドラ」を含んでいることを併せて考えると、マヘンドラはアマレンドラの「生まれ変わり」と見ることができそうだ。それがために、この親子は同じ俳優によって演じられているのだろう。

このように『バーフバリ』は神話的な要素を多く取り入れているが、それ以上に興味深いのが、叙事詩『マハーバーラタ』を土台にしているということだ。基本的な構造に加え、ストーリー展開や人物像に、その影響が認められる。

『マハーバーラタ』と、『バーフバリ』がどのような共通点を持っているのか、見ていきたい。まず全体像が分かるように、人物の対応を次頁の表にまとめた。

王権の初期に現われた「母」たち

アマレンドラの養母であり、バラーラデーヴァの実母であるシヴァガミは、無能な夫を王位から遠ざけて、マヒシュマティ王国の王権を掌握した。そしてアマレンドラとバラーラデーヴァを等しく育て、将来どちらか、より優れた方に王権を与えることを誓っている。

〈人物の対応〉

『バーフバリ』	『マハーバーラタ』
シヴァガミ（国母、「盲目の愛」）	サティヤヴァティー（王母）、ドリタラーシュトラ（「盲目の愛」）、クンティー
デーヴァセーナ（災いをもたらす女）	ドラウパディー（災いをもたらす女）
クマラ（アマレンドラに教示を受ける王子）	ウッタラ（英雄アルジュナに教示を受ける王子）
アマレンドラ・バーフバリ（英雄の原像）	ユディシュティラ、ビーマ、アルジュナ（英雄の原像）
マヘンドラ・バーフバリ（トリックスター、恋愛遊戯）	クリシュナ（トリックスター、恋愛遊戯）
バラーラデーヴァ（悪）	ドゥルヨーダナ（悪）
カッタッパ（英雄に通過儀礼を課す）	トヴァシュトリ（英雄に通過儀礼を課す工作神）

このような「国母」シヴァガミのイメージには、『マハーバーラタ』に登場するクル族の「王母」、サティヤヴァティーの姿が反映されているように思える。サティヤヴァティーは、クル王家の初期に現われる王妃だ。王との間に二人の息子をもうけたが、二人とも若死にした。

シヴァガミとサティヤヴァティーは「国母」「王母」と、似た呼称を持ち、王家の初期において王権の行方を握る立場にあるという共通点がある。シヴァガミはヴィクラマデーヴァ王とその王妃の急死を受けて国政を把握し、アマレンドラと自らの息子バラーラデーヴァを育てた。サティヤヴァティーは、二人の息子の若死による王位継承者不在の事態を打開するため、自分のもう一人の息子であるヴィヤーサ仙に、未亡人となった王妃たちとの間に息子をもうけさせ、王子を誕生させるため主導権を発揮した。

つまりどちらも、次世代とさらにその次につながる王統の「母」であるのだ。

息子への盲目の愛

アマレンドラ・バーフバリとバラーラデーヴァの「母」として、そして「国母」として、強大な権力を握るシヴァガミ。このシヴァガミのイメージは、実は『マハーバーラタ』に登場するクル族の盲目の王・ドリタラーシュトラと深い関係にある。両者は性別も違い、一方は盲目の王、他方はカッと目を見開いた演技が特徴的な国母である。しかし両者は、息子に対する「盲目の愛」というテーマを共有している。

まず両者は、「王位継承できない息子」の親だ。ドリタラーシュトラの場合は、息子のドゥルヨーダナが従兄弟のユディシュティラ（パーンダヴァ五兄弟の長男）より後に生まれたため、生まれながらにして王位継承権から離れていた。『マハーバーラタ』にはこんな記述がある。

ドゥルヨーダナが生まれると、ドリタラーシュトラ王は顧問らを集め、先に生まれたユディシュティラが王国の第一継承者であることに異論はないが、ドゥルヨーダナは次の王になるか、聞いた。するとジャッカルなどが唸り、恐ろしい前兆が生じた。王弟ヴィドゥラがその子を捨てるよう進言したが、ドリタラーシュトラは息子に愛着して従わなかった。

（第一巻第一〇七章第二七～三三詩節）

一方シヴァガミの方は、息子のバラーラデーヴァが従兄弟のバーフバリよりも先に生まれたが、カーラケーヤ族との戦争の後、シヴァガミ自身が、息子よりも徳高いアマレンドラを次期国王に指定した。これによってバラーラデーヴァは王位継承から外された。

このようにしてドリタラーシュトラもシヴァガミも、「王位継承できない息子の親」となったのだ。

『マハーバーラタ』では、ドゥルヨーダナが父王に「ユディシュティラから息子、さらにその息子に王位が受け継がれる」と不満を漏らす（第一巻第一二九章第一五詩節）。同じような場面が『バーフバリ』にもある。ないがしろにされてきたシヴァガミの夫であるビッジャラデーヴァが息子のバラーラデーヴァに、「そなたが継ぐべき王国。バーフバリとその子孫に王位を奪われる」と漏らす。どちらも、自分や息子が王位につけないだけでなく、王位が恒久的に従兄弟や甥の血筋に奪われることを嘆いている。

ドリタラーシュトラとシヴァガミの共通点はこれだけにとどまらない。細かいところも似ている。たとえばそれぞれ、王家の嫁（ドラウパディーとデーヴァセーナ）が登場する場面だ。

ドリタラーシュトラ王は、弟の言葉を勘違いして、自分の息子ドゥルヨーダナが婿選び式（スヴァヤンヴァラ）で王女ドラウパディーを妻に得たと考えて喜んだ。さらにドリタラーシュトラはそのドラウパディーに、多くの装飾品を与えるよう命じている。（第一巻第一九二章第一九～二〇詩節）

一方シヴァガミも、バラーラデーヴァが妃に望んだデーヴァセーナに、多くの装飾品を贈るよう命令している。「装飾品を嫁に与えようとする」というモチーフが、ドリタラーシュトラの場合と共通している。

さらにシヴァガミは、アマレンドラが連れ帰ったデーヴァセーナは、自分の息子の嫁になるものと思っていた。「甥の嫁を息子の嫁と勘違いする」という細かいモチーフも、ドリタラーシュトラとシヴァガミで共通しているのだ。

最終的に、運命の輪を回すのもドリタラーシュトラとシヴァガミである。両者は、「死と戦争」につながる命令を下すという共通点があるのだ。

ドリタラーシュトラは息子ドゥルヨーダナにそそのかされ、『マハーバーラタ』の大戦争の原因となる運命の骰子賭博を行うよう命令した。この骰子賭博でいかさまが行われ、賭けの対象にされたドラウパディーがひどい辱めを受けたことが、後の大戦争の原因となった。

シヴァガミもまた、アマレンドラ殺害を奴隷のカッタッパに命じるという絶望的な運命の決定を下すことになる。これによりアマレンドラが死に、やがて息子マヘンドラによる敵討ちの戦争が行われるわけだ。

「母の言葉」

シヴァガミは部分的に『マハーバーラタ』の主役の五兄弟の母・クンティーの要素も持っている。クンティーの発した言葉はダルマ「法」とされる。五兄弟が婿選び式（スヴァヤンヴァラ）でドラウパディーを獲得して帰宅すると、クンティーはそれを見ずに「お前たちで分けなさい」と言ってしまった。お布施の食糧と勘違いしたのだ。しかしながら母の言葉は絶対とされる。そこでユディシュティラは「母がそのように言いました」としてドラウパディーを兄弟で妻として共有することにした。（第一巻第一八二章）

シヴァガミの方は、「デーヴァセーナをバラーラデーヴァの妻とする」という宣誓をした。

これを実現させるため、アマレンドラにデーヴァセーナを捕虜として連れ帰らせる。しかしデーヴァセーナはアマレンドラを夫に選んだ。シヴァガミは自らの法を曲げることはできず、次善の策として、バラーラデーヴァを王位につける宣誓をすることになったのだ。

クンティーの言葉が「母の言葉」として絶対的であったように、シヴァガミの「母の言葉」も絶対的であった。

『マハーバーラタ』では、ドラウパディーの一妻多夫婚は「クンティーの虚偽を免れるため」と説明される（第一巻第一八七章第二八〜三〇詩節）。シヴァガミの場合も「宣誓が虚偽にならない」ことが重視され、自らの宣誓を破らないための行動が次々に裏目に出て、最終的にアマレンドラ暗殺指令を下すまでに至る。

王権の女神としてのシヴァガミとケルトの神話

シヴァガミは「国母」として自ら王権を掌握し、次期国王の決定権も担っている。このようなシヴァガミと王権との結びつきは、アイルランドに残されたケルト神話と比較できる。アイルランドは、距離的にはインドと遠く隔たっているが、同じ「インド＝ヨーロッパ語族」という同系統の言語で、神話にも似ているところがたくさんある。

アイルランドには、王権と女神との深いつながりを示す神話が豊富に残されている。そこでは、王権のあらわれである女神は大地そのものだ。老い衰えた王の悪政によって大地が豊穣を失った時には、女神は醜い老婆の姿で現われ、若い力ある王によって大地が豊穣を取り戻すと、女神は絶世の美女となる。王はこの女神と結婚することによって、初めて王たる資格を真に得る。そのため、王妃は女神と同一視される存在であった。

ケルトの神話によると、人間の王エオヒド・アレイがアイルランドの王位に就いた時、彼には妻がいなかったので誰も税を払おうとしなかった。この王はアイルランド一の美女エーダインを探し出して結婚することで、ようやく王として認められた、とされている。

このような王と王妃の関係は、王と女神の関係によって説明される。たとえばケルトには次のような神話がある。

> ダーレ王には、ルギドという同じ名の五人の息子がいた。彼らのうち、黄金に輝く小鹿を得た者が王位を継ぐという予言がなされた。ある時五人の王子たちは従者を連れて、馬を駆って出かけた。小鹿を見つけて追っているうちに、濃い霧が出てきて、王子たちは従者と引き離された。ついにルギド・ライグデが鹿を捕らえて殺した。大雪が降ってきたの

で、王子の一人が避難場所を探しに行った。彼は火が焚かれ、食べ物とビールが豊富に用意された家を見つけた。そこには一人の醜い老婆がいた。彼女は、もし自分と床を共にするならば、ベッドを貸そうと言った。王子は拒んだ。他の王子たちも、次々とその家に行ったが、誰もそこで夜を過ごさなかった。最後にルギド・ライグデが家に入り、老婆についてベッドに行った。すると驚くべきことに、老婆の顔は五月の朝の太陽のように輝き、芳香にあふれていた。ルギドは彼女を抱きしめた。彼女は言った、「私は王権です。あなたはアイルランドの王位を得るでしょう」。(A. H. Krappe, "The Sovereignty of Erin" *The American Journal of Philology* 63, 1942, pp 444-454)

インド神話にも同様の思想があり、ラクシュミー(シュリー)という幸運と王権の女神は、多くの文献で王の妻とみなされている。

王妃を王権女神の体現であるとみなす観念は、神話の中だけに見られる過去の遺物では決してなく、現代のインドにも連綿と生き残っているようだ。そのことを示すと思われる一つの記事を紹介しよう。二〇〇三年六月八日付の朝日新聞(朝刊)の、短い記事だ。

「この国は、独身の(カラム)大統領と(バジパイ)首相が統治している。ヒンドゥー教の書物によると、これは非常に縁起が悪い。だから熱波と干ばつが広がっているのだ」／インド中部、マドヤプラデシュ州のシン州首相が選挙演説で語った、とタイムズ・オブ・インディア紙が報道。同州首相は国政では野党の国民会議派に所属する。

指導者には配偶者＝王権の女神の化身が必要であり、それが不在であれば天変地異が起こるという観念が、直接的に言い表わされている。

シヴァガミはこのような、ケルトとインドを含むインド＝ヨーロッパ語族がもともと持っていた共通の神話に遡り、かつ現代インドにも命脈を保つ「王権の女神」の化身なのだ。シヴァガミが映画の中で何度も高らかに宣言する台詞「この宣誓を法と心得よ」は、王権を体現する女神としての資格において発せられる。また彼女は王権の女神として次の王を選び、王の即位後も王の側にあって助ける役割を果たす。さらには死後なお力を保ち、最後のマヘンドラ即位の場面においてもその名が以下のように挙げられることになる。

（マヘンドラ・バーフバリの台詞）「国母シヴァガミを証人に、布告を発す。民は勤勉と正義を信じ、正しき行いに努めること。これに反する行いをすれば、首を切られ、奈落に落ち業火に焼かれる。ここに国王が誓う。この宣誓を法と心得よ！」（劇場パンフレット『バーフバリ 2：王の凱旋「完

全版」』より）

二人の王権の女神

クンタラ国の誇り高き王女・デーヴァセーナは、アマレンドラ・バーフバリに連れられてマヒシュマティ王国に嫁いできた。ところが、集会場でシヴァガミが発した言葉は、「そなたの夫はバラーラデーヴァです」というもの。デーヴァセーナは怒る。シヴァガミの前で堂々と「王族の女は自ら夫を選ぶ。知らぬのですか」と言い放つ。

このように王族の女性が自ら夫を選ぶというのは、おそらくは叙事詩における王族の女性の婿選び式「スヴァヤンヴァラ」を念頭に置いているものと思われる。スヴァヤンヴァラとは、サンスクリット語で「自ら選ぶ」という意味で、叙事詩の王女たちの主要な結婚形態となっている。

スヴァヤンヴァラでは、国王が各地から呼び集めた王や王子が一堂に会す中、全く自由に王女が夫を選ぶ。たとえば、『マハーバーラタ』にこんな話がある。

ヴィダルバ国のビーマ王に、ダマヤンティーという美しい娘がいた。彼女はニシャダ国のナラ王に恋患いし、嘆いてばかりいた。これを見たビーマ王は、娘のスヴァヤンヴァラを催した。スヴァヤンヴァラには諸国の王が集ったが、その中にはナラ王の他に、インドラ、アグニ、ヴァルナ、ヤマという神々も来ていた。ダマヤンティーはナラ王を夫に選ぶことを心に決めていたが、諸王が集うスヴァヤンヴァラの会場で彼女が見たのは、ナラ王そっくりの姿をした五人の男であった。四柱の神々がそろってナラ王に変身していたのである。ダマヤンティーは慎重に神々と人間との相違について考えを巡らせ、神々に祈りつつ、正しくナラ王を選んだ。彼女はナラ王に近づいて彼の衣服の端をつかみ、彼の肩に花輪を投げかけた。神々は二人に贈物を与えて祝福した。（第三巻第五〇章〜五四章）

このように全く自由に夫を選ぶのがスヴァヤンヴァラの基本形態だが、おそらくはその発展形として、弓の競技が加わる場合がある。『マハーバーラタ』の女主人公ドラウパディーの場合である。

パーンチャーラ王は、娘のドラウパディーをアルジュナ王子に嫁がせたいと考えていた。そこで彼は娘のスヴァヤンヴァラを催し、アルジュナにしか引くことのできない剛弓を作らせ、集まった王や王子たちに、その弓を引いて的を射た者に娘を与えると告げた。諸王は次々に弓を射ようとしたが、誰もそれを引くことができなかった。しかしバラモンに変装したアルジュナは弓をやすやすと引き、用意された的に命中させた。ドラウパディーは微笑みながら白い花輪を持ってアルジュナに近づいて行った。（第一巻第一七四章〜一七九章）

スヴァヤンヴァラはインド神話に頻繁に語られるが、歴史上実際に行われた儀式なのかどうかは分かっていない。ここでは一つの神話モチーフとして扱うこととする。そうすると、スヴァヤンヴァラ、とくにダマヤンティーの例は、ギリシア神話のトロイ戦争の女主人公・ヘレネの夫選びの場合と比較できるところがある。

ヘレネの女神のような美しさは諸国に名高く、王や王子たちがヘレネの父テュンダレオス王のもとに群がり求婚していた。そこで父王は選択をヘレネに任せ、そして誰にせよ選ばれた者の権利を、他の全ての求婚者たちは尊重しあうようにと取り決めたという。（アポロドロス『ビブリオテケ』三．一〇．九、アポロドーロス著、高津訳『ギリシア神話』、一五〇頁を参照）

このヘレネの結婚は、数多くいる求婚者の中から自由意志で夫を選んでいるという点で、ダマヤンティーの場合と共通している。

さらに、スヴァヤンヴァラのもう一つの形態、「弓矢の競技を伴う夫の決定」という要素を含む話もギリシア神話に見られる。英雄オデュッセウスのトロイ戦争後の冒険物語『オデュッセイア』に記される、次のような話だ。

オデュッセウスの妻ペネロペイアは、夫の長い留守の間に多くの求婚者が屋敷に押しかけては酒宴を行ない、夫の財産を使い果たしていくことに耐えられなくなり、ついに再婚を決意し、夫の剛弓を持ち出して求婚者たちに弓の競技を持ちかけ、その弓を引いて十二の斧を射通した者の妻になると宣言した。求婚者たちは誰もその弓を引くことができなかったが、汚い身なりをしてひそかに自分の館に帰っていたオデュッセウスが、この弓を引いて見事に十二の斧を射通し、求婚者たちを誅殺し、妻ペネロペイアを取り戻した。(『オデュッセイア』第二一〜二二歌)

オデュッセウスもアルジュナも、弓を引くことで妻を得たり、妻を取り戻したりした。さらに、アルジュナがバラモンに変装していたように、オデュッセウスも、女神アテナの計らいによってぼろ布をまとった老人の姿に身をやつしていた。この点でも、二つの神話は奇妙な類似を示している。

身をやつすという点で、これらの話はアマレンドラとデーヴァセーナの出会いの場面につながる。アマレンドラは身分を隠し旅人に身をやつしてデーヴァセーナと出会ったのであった。王女が自ら夫を選ぶという神話は、女神が王を「選択」するという観念を反映している。これに関して、次のような神話が『マハーバーラタ』に記されている。

バリはかつてアスラたちの支配者として権勢をきわめ、神々をも凌駕するほどに繁栄していた。しかしある時それらの全てを失ってしまった。インドラがバリのところにやって来て、バリの今の落ちぶれた境遇について話をしていると、バリの身体から繁栄の女神シュリーが輝かしい姿で現われた。彼女は言った、「バリはあらゆる徳を失ったので、私は彼を離れて、インドラの中に住みます」。（第一二巻第二一六〜二一八章）

王権と繁栄の女神シュリーが、悪魔であるアスラ王を捨てて、神々の王インドラを選んだという話だ。これと似た話は、『マハーバーラタ』の別の箇所にも記されている。

——ナーラダ仙とインドラが川のほとりで話をしていると、第二の太陽のように光輝く女神が、ヴィシュヌの車に乗ってアプサラスたちを従えて現れた。彼女は言った。「私はシュリー・ラクシュミーです。私はかつてアスラとともに住んでいました。彼らは以前は徳高かったのですが、今は反対の性質になってしまいました。インドラよ、私は彼らを離れてあなたと共に住むことを望みます」。インドラは彼女を受け入れた。それ以来、天地の全ての生類は幸福と繁栄を享受するようになった。（第一二巻第二二一章）

この神話の最後の部分では、インドラがシュリーを受け入れたことによって世界が正しく動き始めたことが記されている。その様子は次のように描写されている。

インドラは正しい時期に畑に雨を降らせた。法の道から外れる者は誰もいなかった。大地は多くの宝石の鉱脈によって飾られた。誉れ高い人間たちは正しく祭式を行い、喜びに満ち溢れた。人間、神々、キンナラ、ヤクシャ、ラークシャサたちは、繁栄と幸福と栄誉を得た。果物や花は、たとえ風に吹かれた時にも、時期を逸して木から落ちることはなかった。如意牛は甘露のような乳を出した。誰の口からも不快な言葉が語られることはなかった。（第一二巻第二二一章第九〇〜九二詩節）

シュリーが王権の女神として インドラを神々の王に「選んだ」ことにより、世界に秩序と繁栄がもたらされたのだ。これは、女神シュリーの「スヴァヤンヴァラ」であったと考えることができる。

映画『バーフバリ』では、デーヴァセーナはシヴァガミの前でアマレンドラを結婚相手に選び、彼の方へ歩みを進めた。これがデーヴァセーナのスヴァヤンヴァラだったのだ。これによって彼女は「王権の女神」としてアマレンドラを王に選んだことになる。しかし『バーフバリ』にはもう一人の王権の女神の化身が存在している。言うまでもなくシヴァガミだ。デーヴァセーナとシヴァガミは「二人の王権の女神」として物語の中で対立し、シヴァガミが王位継承を宣言したバラーラデーヴァと、デーヴァセーナが夫に選び、その後王位奪還を求めたアマレンドラの対立がさらに明確になる。

シュリーがインドラを選んだように、王権の女神が正しく王を選べば、世界に吉兆が生じる。ところがバラーラデーヴァの即位の場面では、「バーフバリ・コール」が生じ、地面が震動する天変地異が起こった。不気味な予兆を感じさせる場面だ。このことは、シヴァガミが王の選択を間違えたこと、そして二人の王権女神の並存が神話的には不可能であることが表現されているように思う。

アマレンドラは道を過(あやま)った王権女神に殺害された。しかしシヴァガミはすべての過ちに後から気づいた。そしてアマレンドラとデーヴァセーナの息子を「マヘンドラ・バーフバリ」と名付け、次の王であると宣言した。アマレンドラとは、アマラ・インドラで「不死なるインドラ」の意、マヘンドラはマハー・インドラで「偉大なるインドラ」の意で、どちらもインドラ、「神々の王」だ。従って、マヘンドラはアマレンドラの生まれ変わりである。シヴァガミは自らの命を捨ててこの子を守った。川に流されながら必死でマヘンドラを掌（てのひら）で持ち上げた、最初の場面だ。

「シヴァ神よ！　命が欲しければ、持って行くがよい。ただし、この子の命は見逃せ。帰りを待つ母のため生きねばならぬ。マヒシュマティ王国の王座につくため――マヘンドラ・バーフバリは、生きねばならぬ！」（劇場パンフレット『バーフバリ　2：王の凱旋「完全版」』より引用）

こうして、王権の女神は命と引き換えに本来の姿に立ち戻った。もう一人の王権の女神、デーヴァセーナは、二十五年もの長きにわたり鎖につながれた屈辱的な状況を耐え忍び、夫アマレンドラの生まれ変わり、息子のマヘンドラに救われ、最終的に彼を王位に就けることになった。そして、その先にはアヴァンティカがいる。マヘンドラの恋人として登場した美しき女戦士だ。次はアヴァンティカが、王権の女神として王を守ることになるのだろう。

デーヴァセーナとドラウパディー

映画で、シヴァ寺院に参拝するため高貴な身分にもかかわらず列に並ばされたデーヴァセーナ。列の上では、女性たちの身体を触り、「次はおまえだ」と自分の身体をも触ろうとするセクハラ将軍・セートゥパティが待ち受けている。しかしデーヴァセーナは迷わず彼の指を刀で切り落とす。

この罪に問われて両手首を縛られて裁きの場に立たされたデーヴァセーナを、アマレンドラが救いに来る。アマレンドラはデーヴァセーナから事情を聞くと、「そなたが切るべきは指ではない！　首だ！」と言ってセートゥパティを斬首する。この行動がシヴァガミの怒りをかい、二人は追放される。二人は装飾品をすべて捨て、庶民たちとともに暮らすことになる。

この場面は、『マハーバーラタ』で、パーンダヴァ五兄弟と、兄弟の共通の妻ドラウパディーが王国を追放される場面とたいへんよく似ている。

パーンダヴァ五兄弟の長男ユディシュティラは、徳高い「聖王」だが、賭博に目がないという唯一の欠点がある。従兄弟のドゥルヨーダナが叔父のシャクニと計画したいかさまの骰子賭博に敗れ、王国を追放され十二年間森で過ごし、十三年目は誰にも正体を知られずに暮らさなければならなくなる。兄弟とドラウパディーは装飾品や豪華な衣装を外して質素な姿となり、森へ行く。市民たちは嘆き悲しみ、兄弟たちの後について離れなかった。（第二巻第四三章～七二章）

王国を追放される妃と夫のモチーフ、装飾品をすべて外すモチーフなどが共有されている。また、民に歓迎されるというところも同じだ。

ドラウパディーとデーヴァセーナの類似は、気の強い女性同士ということであろうか、他にもある。ドラウパディーは追放期間中、何度もユディシュティラに、戦争をして王国を奪還することを求める。いかさま賭博による追放に納得せず、王国奪還をひたすら求めて延々と愚痴を並べるドラウパディーを、ユディシュティラは法を説きながらなだめる。

このように「王位奪還を求める」という点でみてみると、デーヴァセーナも、安産祈願の場面で、アマレンドラの王位奪還を声高らかに求めている。これが引き金となってシヴァガミによるアマレンドラ暗殺の指令が出るまでに至る。

アマレンドラは英雄複合?

ここまで女性の登場人物について見てきたが、次に男性の登場人物について考えていきたい。

アマレンドラは、『マハーバーラタ』の主役であるパーンダヴァ五兄弟のうち、上の三人の特徴を併せ持っていると考えられる。徳高い「聖王」という点ではユディシュティラの要素、三本の矢を射る戦士という点ではアルジュナの、怪力の戦士という点ではビーマの要素を、一身に兼ね備えているのが、アマレンドラ・バーフバリなのだ。

まずは、ユディシュティラとの類似からみていきたい。

ユディシュティラは、戦争ではほとんど活躍しないが、何より重要なのは、「王」である、ということだ。弟のアルジュナとビーマは「戦士」としてユディシュティラに仕える立場にある。ダルマ神を父にもつという生まれにふさわしく、「聖王」として、ユディシュティラは人々に愛される国王となる。

そのユディシュティラの「聖王」としての「正しい選択」が表われる場面がある。夜叉(実はダルマ神)の守る泉で四人の弟たちが死んでしまった時、この夜叉の問いかける法に関する質問に的確に答えたユディシュティラは、最後に、「一人だけ弟を生き返らせてやる」と言われ、「ナクラ」を選ぶ。アルジュナやビーマといった同腹の弟ではなく、異母兄弟をあえて選んだのだ。それは、自分たちの母と、ナクラたち双子の母、両方の母たちを平等にするためである、という法にかなった選択だった。この選択に満足した夜叉は結局、兄弟すべてを生き返らせた。
（第三巻第二九五章～二九八章）

アマレンドラも、「選択」をする場面がある。デーヴァセーナを連れてマヒシュマティ王国に戻ったアマレンドラだったが、シヴァガミは気の強いデーヴァセーナに激怒し、アマレンドラに、王位か、デーヴァセーナかを選ばせる。アマレンドラは、どちらが法にかなっているかを考え、またデーヴァセーナとの約束を思い起こし、デーヴァセーナを選ぶ。

ユディシュティラもアマレンドラも、本来選ぶと思われそうなもの、同腹の弟の命や、王位を選ばなかった。ここに、彼らの「徳の証明」がなされているものと思われる。

無比の英雄として、アマレンドラは『マハーバーラタ』のもう一人の兄弟の戦士、アルジュナ的でもある。特に「三本の矢」のモチーフを共有しているところが興味深い。アマレンドラはクンタラ国に滞在している時に蛮族の大軍に襲われ、クンタラ国のため一騎当千の戦いぶりを見せる。その時、デーヴァセーナに「三本の矢」を射る方法を教える。こうして二人が共に弓を構えて戦う場面は本作品のハイライトだ。

アルジュナも「三本の矢」を射るとされているのだ。

さらに、棍棒を持って戦い、肉体的な強靭さを見せる点では、もう一人の兄弟、ビーマに似ている。

このようにアマレンドラは、『マハーバーラタ』の主役の三兄弟の姿を、それぞれ表わしていると見ることができる。

マヘンドラとクリシュナ、「恋愛遊戯」と「トリックスター」

『バーフバリ 1：伝説誕生』の最初の場面。シヴァガミが掌で赤子のマヘンドラを持ち上げて、自らは川に沈み流されていく。「川に流される赤子の英雄」の神話モチーフだ。これは、『マハーバーラタ』を知っている人なら、まずカルナを思い起こすだろう。カルナは、太陽神と人間の王女クンティーとの間に生まれた子で、結婚前に子を産んだという不行跡を隠すために、クンティーによって川に流され、クル王の御者の夫婦に拾われて養育された。

このように「生まれた直後に水界に流され、身分の低い両親に育てられる」という共通点はあるものの、カルナとマヘンドラは神話的には直接の関連は持たない。生まれの高貴さにかかわらず悪の側に加担したカルナは、正義を貫くマヘンドラとはほど遠い存在だ。

むしろマヘンドラは、カルナの背後にひかえる、「流される赤子の英雄」という世界的な神話モチーフを受け継いでいるものと考えられる。

たとえばバビロニアの伝説では、父なくして生まれた、後のアッカドの大王サルゴンが、巫女である母によって葦の籠に入れられ、ユーフラテス河に流された。この伝承は、楔形文字による自叙伝（サルゴン伝説）に、次のように記されている。


私はアガデの君主、大王サルゴンである。私の母は身分の低い人だった。父のことは知らなかった。父の兄弟は山の住人である。そして私の都アズピラヌスはユーフラテスの岸辺にある。身分の低い私の母は妊娠し、ひそかに私を産んだ。私を灯心草で作った籠に入れ、ピッチで封印して深い川に投げ入れた。だが川は私を呑み込まず、支えてくれた。川は私を灌漑（かんがい）（水利人）アッキのところへ運んだ。アッキは私を川から拾い上げ、自分の子として育て、私を庭師に仕立てた。庭師として働いているときに、女神イシュタルが私を愛した。私は王国を支配した。（『世界神話事典　創世神話と英雄伝説』、三二六〜三二七頁を引用）

このようにサルゴンも、マヘンドラと同じく、生まれてすぐに川に流され、身分の低い夫婦に拾われて養われている。

ギリシアでは、「自分の娘の子どもによって殺される」という神託を受けたアクリシオス王が、その娘ダナエを幽閉したが、ダナエはゼウスの種を受けてペルセウスを生んだ。王はペルセウスとダナエを木の箱に封じ込め、海に投げ入れた。

この場合は、母と息子が共に海（水界）に流されるという点で、より『バーフバリ』に近い要素を見せている。『バーフバリ』の場合は、確かにシヴァガミはマヘンドラの母ではなく祖母に相当する立場だが、「母」的な存在であることは間違いない。

日本では、同型の話として、鹿児島県の大隅正八幡宮（おおすみしょうはちまんぐう）（現・鹿児島神宮）に伝わる『大隅八幡宮縁起』がある。大比留女が七歳にして太陽神の子を生んだので、怖れをなした父親が母子ともども「うつぼ船」に乗せて海に放ったところ、九州南端の大隅国の海岸に漂着した、という話だ。

やはり母と息子がともに水界に流されている。

神話としてはこの母と息子の水界の旅は、英雄の「二度の誕生」と「通過儀礼」をあらわしているものと考えられる。母とともに籠や箱や船など子宮を象徴する容器にこもり、その容れ物が水界という羊水をただよい、そこからまた生まれることで、「再生」を果たしているのだ。赤子ながら生に対する試練を経ている。

このように世界の神話と繋がる要素がありつつも、インド神話内部で考えた場合、マヘンドラはインドの神で英雄でもあるクリシュナに似ている。

クリシュナの神話には、牛飼い女たちとの愛の戯れの話がある。クリシュナは泉で水浴中の牛飼い女たちの衣を盗み、彼女たちをからかいつつも、その愛に応じる。クリシュナが何人もの分身を作り、一人一人の牛飼い女と愛の戯れをするのだ。特に、牧女ラーダーとの愛の物語は美しい詩にもなっている（ジャヤデーヴァ『ギータ・ゴーヴィンダ』）。これは、マヘンドラとアヴァンティカが映画『バーフバリ 1：伝説誕生』の前半で繰り広げる恋愛遊戯に通じるものと思われる。

また、一種の「トリック」を使って戦う、『バーフバリ 2：王の凱旋』の最後の椰子の木の場面などは、マヘンドラのトリックスター性を表わしている。母デーヴァセーナが捕らわれている王城を攻めるため、マヘンドラは椰子の木を見てひらめき、椰子の木がしなるのを利用してそれをバネにし、隊の数人が輪になって盾で自分たちを守りながら、砦の中にミサイルのように隊ごとに跳躍して次々に侵入する。マヘンドラの知恵の勝利の場面だ。

クリシュナも、さまざまなトリックによってパーンダヴァ五兄弟を勝利に導いたのだった。

クマラとウッタラ、王子の成長

『バーフバリ』には、他の登場人物にも『マハーバーラタ』とのつながりが見て取れる。たとえば、デーヴァセーナの従兄弟、クマラ王子だ。

クンタラ王国の王子・クマラは、蛮族ピンダリに国が襲われた時、始めは女性たちに混じって隠れていたが、アマレンドラの叱咤激励——「小心者も必ずや勇者になれる。今がその時だ。命を授けるは神。救うは医師。命を守るのが、王族だ」——を受けて、猛然と戦い始める。

この場面は、『マハーバーラタ』にある、アルジュナと、ヴィラータ王国の王子ウッタラの話とよく似ている。ウッタラ王子は、国に攻め入ってきたクル軍と一人戦わなければならなくなるが、怖じ気づいたところに、女装してヴィラータ王宮に住んでいたアルジュナが、戦車の御者となって王子を叱咤激励する。「王族が逃げるなどということは前代未聞だ。恐れて逃げるより、戦って死んだ方がよい」。こうして勇気を奮い起こしたウッタラは、立場を変えて、つまり今度はウッタラがアルジュナの御者になり、共に戦うのだった。(第四巻第三六章〜第四〇章)

王宮で身分を隠して暮らしていたアルジュナが、ウッタラ王子を励まして戦場に駆り立てたように、アルジュナと似たところのあるアマレンドラもまた、身分を隠して王宮で暮らし、戦争になるとクマラ王子を励まして戦場に赴かせている。たいへんよく似た構造になっている。

バラーラデーヴァとドゥルヨーダナ

『バーフバリ』の登場人物と『マハーバーラタ』の対応をここまで見てきたが、『バーフバリ』の悪役、バラーラデーヴァに対応する人物は、いるのだろうか。

アマレンドラとバラーラデーヴァ、従兄弟同士の王位を巡る対立の構造は、『マハーバーラタ』のパーンダヴァ五兄弟と、従兄弟のカウラヴァ百兄弟、とくにその長兄ドゥルヨーダナとの対立の構造に似ている。バラーラデーヴァの「悪」は父親譲りのものだが、ドゥルヨーダナも父ドリタラーシュトラ王が息子を甘やかしたために、その悪を増長させることになった。「悪の遺伝」が表現されている、ということだろうか。

また、「嫉妬」の要素も重要である。ドゥルヨーダナは徳も富も地位も有するパーンダヴァ五兄弟への嫉妬から、大戦争にまで対立をこじらせてしまった。バラーラデーヴァもまた、民に人気のあるアマレンドラに嫉妬していた。そのことは、戴冠式の後の場面からよくわかる。バラーラデーヴァは王冠にむかって、「なぜ私から遠ざかる。なぜおまえはバーフバリを好む」と言って、王冠に乗せた手から血を滴らせる。優れた従兄弟への嫉妬が、二人の悪役に、道を過たせたのだ。

カッタッパとは何者か——通過儀礼と工作の神

それでは、残された最後の人物を分析したい。神話的には解釈が最も困難だ。アマレンドラが叔父のように慕う、奴隷だが最強の剣士・カッタッパ。しかしシヴァガミの命令により、カッタッパはアマレンドラを殺害した。その息子マヘンドラが現われると、彼に忠誠を誓い、共に戦い王位を取り戻させる。

このカッタッパの複雑な役割の原型は、『マハーバーラタ』の挿話の一つに見出されると思われる。それは、工匠の神トヴァシュトリとインドラの神話に現われる、「戦士に通過儀礼を施す工匠の神」のモチーフだ。トヴァシュトリは神話において世界を創造した神の一人とされる。工作をするように、世界を作りだしたのだ。このトヴァシュトリは、神々の王インドラと対立関係にあることが、しばしば語られている。次のような神話がある。

トヴァシュトリはインドラを害するために、ヴリトラと呼ばれる蛇の怪物を創り出した。ヴリトラとインドラは死闘を繰り広げ、とうとうヴリトラがインドラを呑み込んだが、インドラはヴリトラにあくびをさせて飛び出した。ヴィシュヌ神の入れ知恵で両者は一旦和平条約を結んだが、条約の隙間をつくように、インドラはヴィシュヌの助けを得てヴリトラを退治した。（第五巻第九章〜第一〇章）

この話の中で、インドラはヴリトラに呑み込まれ、また出てきた。死んで蘇ったのだ。これがインドラの通過儀礼となった。つまり工作神トヴァシュトリは、ヴリトラを創り出すことによって、インドラに通過儀礼を施す役割を果たしているのだ。

カッタッパは、トヴァシュトリの末裔として、アマレンドラに死を与え、その息子マヘンドラとして再生させる役割を果たしたのかもしれない。

落ちていく黄金像の首

『バーフバリ 2：王の凱旋』の最後の場面で、バラーラデーヴァの虚栄の象徴である黄金像の首が、川を流れ、滝を落ちる。その滝を、『バーフバリ 1：伝説誕生』の冒頭でマヘンドラが昇ってマヒシュマティ王国に帰還したのだった。このような形で、この長い映画は、最初と最後がつながっていて、円環構造になっている。

めぐりめぐる、インド的な思想のあらわれであると同時に、生まれては死ぬ、それを繰り返す無常観が表現されているように思われてならない。

アマレンドラ・バーフバリと、マヘンドラ・バーフバリは、これまでになかった「新しい英雄像」である。戦士だけどマッチョなだけではない、何より徳高い英雄像は、ハリウッド映画の英雄とはまったく異なったイメージを提供しており、日本人の心性によく合致したのだろう。

戦争の神話としての『バーフバリ』

『バーフバリ』には二つ戦争が出てくる。一つは、アマレンドラとバラーラデーヴァのどちらが王位にふさわしいかを決めるための、蛮族との戦争。もう一つは、マヘンドラが王位を奪還するためのバラーラデーヴァとの戦争だ。この二つの戦争は、『マハーバーラタ』の戦争のように、「装置」としての意味を持つだろうか。

第一の戦争は、それによってアマレンドラが王位にふさわしいと判断された。仮に王座についているシヴァガミから、アマレンドラへ王位が返却されるという意味で、新しい王権の誕生となり、王権の移行、すなわち新たな秩序への「装置」の役割を果たしている。ただしそれは現実とはならず、王位はバラーラデーヴァが継いだ。しかしいずれにしても王権の移行は行われているので、意味は同じと考えてよいだろう。

第二の戦争も、それによってマヘンドラがバラーラデーヴァから王位を奪還することになり、王位の移行が語られているため、やはり新たな秩序のための「装置」として働いていると言えるだろう。

『マハーバーラタ』の戦争
宇宙期の移行　ドゥヴァーパラ・ユガ期→戦争→カリ・ユガ期

『バーフバリ』の戦争

第一の戦争の王権の移行　シヴァガミ→戦争→(アマレンドラ)→バラーラデーヴァ
第二の戦争の王権の移行　バラーラデーヴァ→戦争→マヘンドラ

現実の戦争には「装置」など関係ない。そこにはただただ絶望的な悲しみと混沌とした現実があるのみだ。しかし物語、とくに神話の戦争は「装置」として機能することが多いように思われる。『マハーバーラタ』も現代インド映画の『バーフバリ』も、そこで語られる神話、あるいは神話的物語には、共通の機能が背後にあり、戦争物語の普遍性を見て取ることができるように思われる。

第二章で見てきたように、原初の殺害は新たな世界の創造、あるいは新たな世界の秩序の構築を導いた。神話の戦争も同様の機能を担っていた。その同じ神話的観念が、『マハーバーラタ』を経由して、『バーフバリ』にも表われているのだ。神話の命脈の強さを感じるところである。

神話から見る『RRR』

『バーフバリ』のS・S・ラージャマウリ監督の最新の映画作品が『RRR』である。二〇二二年に公開された。挿入歌の「ナートゥ・ナートゥ」が第九十五回アカデミー賞で歌曲賞を受賞したことで有名になった。日本でも『バーフバリ』を超える人気を博している。舞台は一九二〇年のインド。イギリスの植民地時代のインドの話である。ラーマとビームという二人の主人公が、それぞれの立場からイギリス領インド帝国に立ち向かう。（以下、映画『RRR』の内容に触れている箇所がある。ご注意いただきたい）

神話から見た『RRR』の主題は、「大地（＝インド）の回復」である。イギリス人の総督夫妻に誘拐されたゴーンド族の少女マッリが、この場合、踏みにじられたインドの大地を体現している。マッリ誘拐は『ラーマーヤナ』のシーターの誘拐と重なる。

ここで『ラーマーヤナ』について概観しておこう。

『マハーバーラタ』と並んでインド二大叙事詩に数えられる『ラーマーヤナ』は、王国を追放された上、森で妻のシーターを羅刹王に誘拐されたラーマ王子の苦難の旅を物語るものである。ラーマと、ラーマと共に森に入った弟のラクシュマナは、猿神ハヌマーンの助力を得て、ランカー島に幽閉されているシーターを見つけ、彼女を取り戻すための戦争が行われる。ラーマらが勝利しシーターを取り戻す。しかしラーマは幽閉されていた間のシーターの貞操を疑い、純潔を証明するように求める。火神アグニがシーターの純潔を保証した。しかしシーターは二度目にラーマから貞操の証明を求められると、身の純潔を誓って大地の中に帰っていった。赤子のシーターは養父であるジャナカ王に大地の畝から発見された。つまり彼女は大地から生まれた、大地の女神であったのだ。

『RRR』との関連では、先に述べたようにマッリは神話のシーターである。誘拐され幽閉され、一族を率いる「兄」ビームの助けをひたすらに待っている。シーターと重ね合わせることで、マッリに大地の女神としての側面を見て取ることができる。マッリは踏みにじられたインドの大地そのものなのだ。

「大地」のテーマは本作の別の場面にも見られる。そう、あの「ナートゥ」の踊りである。ビームが、欧米のダンスができないことでイギリス人たちに笑いものにされているところにラーマがやって来て、「あなたはナートゥをご存じか?」と言い、華やかな、そして荒々しくもあるダンスが始まる。足を強く大地に打ち付けるこの踊りは、イギリス人の支配によって本来の力を弱めたインドの大地の女神を鼓舞するダンスである。そのことは、歌詞の中に「母なる大地のため」という言葉が出てくることからも確認できる。

ラーマとビームに視点を移すと、ラーマはむろん『ラーマーヤナ』の主人公の王子ラーマの投影であり、ビームは『マハーバーラタ』の主役の五王子のうちの次男、ビーマの投影である。英雄ビーマは弟のアルジュナとは対照的な性質を示す。アルジュナが弓矢などの神的武器で戦うのに対し、ビーマは素手か、最も原始的な武器である棍棒を持って戦う。怪力が彼の武器だ。この特徴は映画のビームにも受け継がれている。

映画のラーマについては、彼はビームとマッリを助けたために総督らによって捕らえられ、地下牢に閉じ込められる。身動きできぬほど狭い地下牢は、まさに子宮というにふさわしい。これは彼が「大地の子宮」に帰ったことを意味する。仮死状態にあったと言ってもよいだろう。しかしそこからビームによって助けられる。このことはラーマの再生を表わしている。より強いラーマとなって、この後神的な力を手に入れた彼は神話のラーマのように弓矢を持ち、騎馬で戦うことになるのだ。

ところでラーマ王子は、インドの二大最高神であるヴィシュヌの化身でもある。ビームの方は、推測であるが、もう一人の最高神シヴァの要素を見て取ることができるかもしれない。（このことを最初に日本で指摘したのはおそらく、インド神話とインド図像の研究家の天竺奇譚である。https://note.com/tenjikukitan/n/ned19c688e320?magazine_key=m54c0ea9b56fc）

まず彼は、野獣たちを使って総督のパーティー会場を混乱させ、マッリ奪還計画を実行に移す。虎など多くの獣が解き放たれるのだ。ところでシヴァ神の別名は「パシュパティ」で、この語は「家畜の主」を意味する。「パシュ」というサンスクリット語には「家畜」の他、「獣」一般、という意味もあるので、獣使いとなった時のビームはあたかもシヴァ神の化身のようだ。さらに、神話のビーマは風の神ヴァーユの子であり、同じヴァーユを父とする猿神ハヌマーンと兄弟関係にある。そのハヌマーンは熱心なシヴァ信者とされる。つまり、ビーム ― ビーマ ― ヴァーユ ― ハヌマーン ― シヴァ、という観念連合を提示することができる。

最後、ラーマとビームが協力して戦う場面には、『ラーマーヤナ』と『マハーバーラタ』の要素が幸福な結合を見せた上に、ヴィシュヌ神とシヴァ神というヒンドゥー教の二大主神が表わされていると見ることができるかもしれないのだ。

第三章で述べたように、『マハーバーラタ』の戦争はユガと呼ばれる時代の移行を表わしていた。また本章で述べたように、映画『バーフバリ』で王権の移行をもたらしたのが戦争であった。『RRR』では、戦いはまだ続くのだろうが、インドの大地の回復が示唆される。各地におけるインド回復の道筋がエンディングに流れることで、『RRR』もまた新たな秩序構築のための戦争を描いているものと見ることができる。

『RRR』という作品は、『ラーマーヤナ』と『マハーバーラタ』というインドの二つの宝が現代に再生させられた、まことに稀有な価値をもつ映画であると言えるだろう。

『バーフバリ』は『マハーバーラタ』などの神話を元にしつつ、新たな現代の戦争物語として神話を復活させた。『ＲＲＲ』は二人の主人公に神話の英雄を体現させることで、時代も地域も超えた普遍的な善悪の対立の物語としての意義を物語に与えた。

すでに述べてきたように、神話には「殺害」の話が多くでてくる。原初の時、世界を創り上げるために巨人の殺害が行われた。人間が食べて生きていくための食用植物は、女神の殺害によって生じたことになっている。神々は戦い殺し合うことで、世界の秩序を構築させた。人間も、戦争によって多くの犠牲を払って、古い秩序から新しい秩序を構築した。『バーフバリ』と『ＲＲＲ』はどちらも戦争物語で、インド神話が元になっている。それでは一体、神話を下敷きにすることによって、どのような効果がもたらされているのだろう。

これは、やはり神話における「殺害」の問題につながるのだと思う。殺害は、当然、それ自体悪しきことであり、きつく戒められなければならない。しかし神話においてそれは「機能」を持っている。物語の中で、役割を与えられているのだ。その役割こそが「秩序の構築」である。世界そのものも、人間が生きていくこの社会も、戦いと犠牲によって構築されてきたものだ。人間存在というものは、本質において残虐であるのだろう。戦い殺し合う本能を持っている。それ以前に、そもそも人間が食べて生きていくということ自体、神話によれば、残酷なことなのだ。動物にせよ植物にせよ、人間は他の生き物を殺してしか生きていくことができない。

そのような人間の残虐な本能が、神話という「聖なる物語」の中で構造化される。そのようにして紡がれた「殺害」は、その意味を世代を超えて伝えるとともに、リアリティは薄められて人々の心に浸透しやすくなり、さらに一般化されて普遍のものとなり、神話として、長い年月を超えることができるようになるのだ。

疫病・死・再生

［第五章］

現代の疫病
――新型コロナウイルスの大流行

二〇二〇年三月、新型コロナウイルスが拡大の兆候を見せていた。すぐに感染は世界中に広がり、非日常が始まった。大学の講義は急きょオンラインとなり、慣れない作業に戸惑うばかりであった。日用品の買い出しも最低限の頻度となり、宅配が命綱であった。人と会うこともほとんどなくなり、家族以外では、月に一度の美容院が貴重な他者との接触機会となった。

やがて非日常はそのまま日常となった。大学の授業は二〇二三年度においても私の担当分はオンラインで行っており、もともと大人数の授業であったので、これ以降どのような形になるのか、想像がつかない。もしかするとこのままずっとオンラインで、学生の顔を見ることもないのかもしれないと思うと、寂しさもある。ただし長い通勤時間を思うと、悪いことばかりとも言えない。

確実に、新型コロナウイルスはそれまでの日常を変えてしまった。

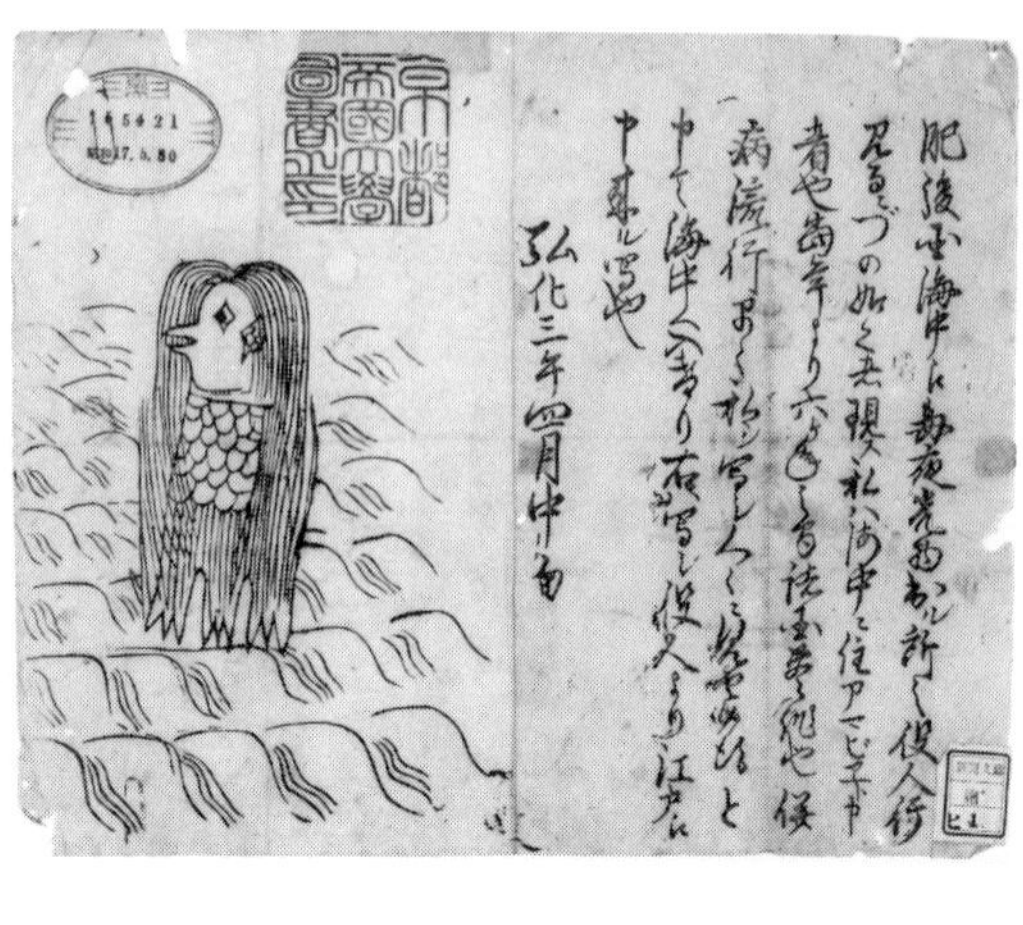

「肥後国海中の怪（アマビエの図）」。江戸時代後期の木版画。京都大学所有、京都大学附属図書館所蔵。

コロナ時に見られた特徴的な現象として、「アマビエ」の流行がある。江戸期に現われたアマビエは、長い髪、鱗のついた胴に、三本足を持ち、くちばしがあり、波間に浮いている姿で表わされる妖怪である。その姿を絵にして見せれば、病を免れ長寿を得ると予言したという。これがコロナ時にSNSで大流行した。多くの人がアマビエの姿を描いてSNS上にアップし、まるでお祭りのような騒ぎであった。

アマビエの足が三本であることには意味があると思われる。三本足といえば中国の神話における太陽に住む鴉（からす）である。通常の動物の二本足や四本足とは異なる三本という不均等な足にすることで、天界や地下界という異界を行き来する太陽の鴉と同様に、アマビエもまた異界との結びつきをもつ妖怪と見ることが可能になる。

アマビエが、自分の絵を描いて人に見せよと予言したことは、アマビエの祝福を拡散させるためととらえると、疫病や、後に取り上げる呪いの伝播の、同じ作用の逆方向であると見ることができる。実際に、そのようにしてSNS上に拡散したのであった。

疫病の神話について本章ではみていくのだが、それだけではなく、病がもたらす死と、死の後にあるかもしれない再生についても考える。第一章の地震・津波・洪水、第二章と第三章、第四章の戦争、そして本章の疫病の後に、それらの行き着く先である死と再生について考える。そのことによって初めて、本書は完結する。

疫病の神話

ギリシアの叙事詩『イリアス』の始めに、疫病の話がでてくる。

ギリシアの連合軍がトロイに攻め寄せて十年目の時であった。アガメムノン王と英雄アキレウスの間に、褒賞(ほうしょう)の娘のことで諍いが生じた。アガメムノンに与えられたトロイの娘クリュセイスを返すよう、その父クリュセがギリシアの陣中を訪れたが、多大な身の代にもかかわらず、アガメムノンはクリュセイスを返そうとしなかった。アポロンの神官であったクリュセは悲しみ怒り、アポロンに祈ったところ、聞き届けた神により、災いの弓が引かれた。それはまず騾馬（らば）や犬を襲い、次に人間が次々に斃（たお）れ、屍を焼く火は絶えまなく燃えた。

　こうしてアポロンの撒き散らした病に苦しむ陣営を見たアキレウスは、アガメムノンの説得を試みたが、怒ったアガメムノンは、クリュセイスの代わりに、アキレウスの褒賞であったブリセイスを自分に寄越すよう求めた。両者は今にも剣を交えようかというところまで猛り立ったが、女神アテナの忠告によって切り合いだけは思い留まった。アキレウスはブリセイスをアガメムノンに奪われ、涙にくれ、以降戦いから退いた。（呉『新装版　ギリシア神話』、六五八～六六二頁を参照）

戦争のさなか、疫病がアポロンによってもたらされたとされている。アポロンは太陽神として名高いが、もともとそうであったわけではなく、予言の神にして、疫病の神、そしてそれを癒す神ともされていた。アポロンの癒しの神としての側面は、彼が人間の王女コロニスとの間にもうけた息子のアスクレピオスに引き継がれることになる。

『旧約聖書』の「出エジプト記」では、エジプトで家畜の疫病が神によって引き起こされたと語られている。ギリシアでも聖書でも、疫病の原因は神にあるとされているところが共通している。

医神

疫病の神話は、実は少ない。なぜ少ないかは分からない。宗教の段階で引き受けられたためかもしれない。ただし治癒の神はいる。ギリシアではアスクレピオス、インドではアシュヴィン双神だ。イエス・キリストも優れた癒し手であった。日本ではオホクニヌシが皮を剝がれた兎を治療した。「伊予国風土記逸文」には、仮死状態になったスクナビコナという小人の神を、オホクニヌシが温泉を使って蘇生させた話が記されている。

アシュヴィン双神に関しては、次に紹介する「若返り」の神話がある。

ある時アシュヴィン双神は、泉のほとりで沐浴をすませた裸身の美女、スカニヤーを見た。双神は女神のように美しいその娘に魅せられて、自分たちのうち一人を夫に選ぶように言った。しかしスカニヤーは、自分は苦行者チヤヴァナの妻であるからと答えて、アシ

ュヴィンの要求を拒んだ。双神は、「なぜあなたのような美しい人が、あなたを楽しませることも養うこともできない老人の妻となっているのか。そのような夫は捨てて、我々のうち一人を夫に選びなさい」と食い下がった。スカニヤーがなおも夫への愛を主張すると、アシュヴィンは次のような提案をした。「我々は最高の医師であるから、あなたの夫を若く美しい姿に戻してあげよう。その上で、彼と我々の中から、一人を夫として選びなさい」。スカニヤーはこの提案をチャヤヴァナに告げ、チャヤヴァナはこれを承諾した。そこで双神は彼を水の中に入れ、自分たちも水に飛び込んだ。湖から出てきた三人は皆、神々しく若く美しい、同じ姿をしていた。スカニヤーは慎重に三人を見比べ、正しく夫チャヤヴァナを選んだ。

美しい妻と若さの両方を手に入れたチャヤヴァナは大層喜び、礼としてアシュヴィン双神に、ソーマを飲む資格を与えることを約束した。チャヤヴァナが約束通り犠牲祭を行い、アシュヴィンにソーマを与えようとすると、インドラがやって来て、「双神は神々の医師であり、労働者であり、人間界をうろつき回るから、ソーマに相応しくない」と言って祭式を止めさせようとした。それにも構わずチャヤヴァナがソーマを捧げようとすると、インドラはヴァジュラ（雷撃）を放ってチャヤヴァナを攻撃した。するとチャヤヴァナは苦行の力でマダ（酔い）という巨大なアスラを作り出し、インドラを襲わせた。怖気づいたインドラは、とうとうアシュヴィンにソーマを与えることを許可した。チャヴァナは不要になったマダを酒と女と骰子と狩に分割した。（沖田瑞穂『マハーバーラタの神話学』弘文堂、二〇〇八年、一四〜一五頁より引用）

この神話では、アシュヴィン双神が自ら医神であると名乗っている。そしてその力でもって、チャヴァナ仙を老いから救い、若さと美しさを与えた。そのアシュヴィン双神は、神々の中での序列が低かったとされている。神々の飲料であるソーマを飲む資格を与えられていなかったからだ。つまり神々の仲間であると認められていなかった。それが、このチャヴァナ仙の事件を通じて双神はソーマを飲む資格を手に入れ、神々の仲間入りを果たした。

Hindi Gita Press Mahabharata のイラスト。1964年。そっくりな姿をしたアシュヴィン双神とチャヴァナ仙と、三人の中から一人を選ぶスカニヤー。

医療の神の地位が低かったことについて、意外に思われる方もいるかもしれない。しかし血液など体液に直接触れる医師は穢れたものとされ、身分が低く、したがって医神の地位も低かったのだ。日本の神話では、オホクニヌシが医療の神だ。たとえば彼は皮を剝がれた兎を治療したことがある。

オホクニヌシはスサノヲの六世の孫（六代目の孫）として生まれた。彼には多くの兄たちがいた。ある時この大勢の兄（八十神）たちは、因幡のヤカミヒメ（その土地の女神）に求婚しようと思って、連れ立って因幡へ行くことにした。彼らはオホクニヌシに荷物を背負わせて、お供として連れて行った。気多の岬までやって来た時、毛皮を剝がれて丸裸になった兎が横たわっているのを見て、八十神は「塩水を浴びて風に当たり、高い山の頂に寝ていれば治る」と教えた。当然、皮を剝がれたところに塩水を浴びて乾かしたら、傷は悪化してさらに酷い状態になる。はたして兎の皮膚はひどくひび割れてしまった。

兎が痛がって泣いていると、八十神たちの後からついてきたオホクニヌシがそれを見つけて、どうして泣いているのか尋ねた。兎が語るところによると、兎はもともと隠岐島にいて、こちら側に渡りたいと思ったが、渡る方法がなかった。そこで海にいるワニに向かって、兎とワニと、どちらの一族が多いか数えてみたいから、同族のワニたちを皆連れてきて、この島から気多の岬まで一列に並んで下さい、と言ってワニたちを並べ、そのワニの背を踏んで、走って数を数えながら岬まで渡った。しかし兎は、まさに地上に降りる寸前に、うっかり「お前たちは騙されたのだよ」と言ってしまった。すると一番先にいたワニが兎を捕まえて、着物をすっかり剝ぎ取ってしまった。それで兎が泣いていると、八十神たちが間違った治療方法を教えたので、傷が悪化してしまったのだった。

この話を聞いたオホクニヌシは、兎に正しい治療法を教えてやった。兎が言われた通りに、すぐに川の河口に行って、真水で体を洗い、その河口の蒲（がま）の花粉を取って撒き散らし、その上に寝転がると、すっかり体が元通りになった。これが因幡の白兎で、兎神と呼ばれている。兎は大変喜んで、オホクニヌシに、「あの八十神は決してヤカミヒメと結婚することはできないでしょう、きっとあなた様と結婚されるでしょう」と言って彼を祝福した。

（『古事記』より要約）

こうして医療の力を発揮したオホクニヌシであるが、彼自身、死と再生を繰り返す神である。この続きの神話を見てみよう。

兎の予言した通り、ヤカミヒメは八十神の求婚をはねのけて、従者としてついてきたオホクニヌシを夫に選んだ。怒った八十神たちは、オホクニヌシを殺そうと思って皆で相談し、伯耆(ほうき)の国にある、とある山の麓までやって来た時、オホクニヌシに、「この山にいる赤い猪を、我々が皆で追い下ろすから、お前は下で待ち受けて捕らえなさい。もし捕らえなかったら、お前を殺すぞ」と言って彼を山の下に待たせておいた。そして八十神は、猪に似た赤い石を火で焼いて落とした。それを猪と思って捕らえたオホクニヌシは、たちまちその焼け石に焼け付かれて、死んでしまった。

このことを知ったオホクニヌシの母神サシクニワカヒメは嘆き悲しんで、高天原のカムムスヒに助けを求めた。カムムスヒはキサガヒヒメ（赤貝の女神）とウムギヒメ（ウムガヒヒメ、蛤の女神）という二柱の貝の女神を遣わした。キサガヒヒメとウムギヒメが自分の体から出した母乳のようなものをオホクニヌシの体に塗ると、彼は生き返り、以前のように元気で美しい姿に戻った。

しかし八十神たちは、生き返ったオホクニヌシを見ると、再び殺そうと考え、だまして山に連れ込み、大木を切り倒して楔をその木に打って、その割れ目の間にオホクニヌシを無理やり入らせると、ただちにその楔を抜いてしまった。そのためにオホクニヌシは木に挟まれて死んでしまった。今度もまた、母神が泣きながらオホクニヌシを探し求め、木の中から救い出して生き返らせた。そしてわが子に、このままここにいたら八十神に殺されてしまうからと言って、紀伊国のオホヤビコ（家屋の神）のところに向かわせた。ところがなおもしつこく八十神が追ってきて、弓に矢をつがえて、オオクニヌシを渡せと言ってオホヤビコを脅したので、オホヤビコは彼を根の国のスサノヲのもとへ行かせた。オオクニヌシは根の国のスサノヲのもとで試練を経て、スサノヲの娘スセリビメを妻として地上に連れ帰った。彼は八十神を征伐し、国土の王となった。(『古事記』より要約)

オオクニヌシはまず猪に似た石に焼け付かれて死に、次には木の中で圧死し、そのたびに母神の助力によって蘇生した。最後にはスサノヲの支配する根の国、つまり死者の国に行って帰ってきた。このこと自体、オオクニヌシの死と再生を表わしている。死と戦う医療の神は、自ら死を経験し、それを克服したのだ。

インドではアシュヴィン双神の神々の中での序列が低かったと先に述べたが、オオクニヌシも、「国津神」の主として、アマテラスを中心とする「天津神」と対比される位置づけにあり、似た構造が見て取れると言えるかもしれない。

ギリシアには医神アスクレピオスがいる。次にこの話を見てみよう。

テッサリアに一人の王女がいて、コロニスと呼ばれていた。大変美しい娘で、いつとなくアポロン神の寵愛を受ける身となった。アポロンはたまの逢瀬を待ちわびる彼女のために、鴉を与えた。その頃、鴉は純白の羽をしていて、人間の言葉を解し、語ることもできた。

アポロンが神としての仕事に忙殺され、コロニスのところに通う暇がなかった時、鴉が、コロニスと見知らぬ男が一緒にいるところを目撃した。鴉はコロニスが心を変えたものと思い込み、アポロンに告げ口をした。怒り狂ったアポロンは得意の矢でコロニスの胸を射抜いて殺してしまった。コロニスはこの時アポロンの子をはらんでいた。アポロンは鴉の言葉を信じて自ら真偽を問うこともせずにコロニスを殺してしまったことをひどく後悔した。そして鴉を恨んでその羽を真っ黒に変え、永遠にコロニスの喪に服させることにした。

アポロンはコロニスの腹から赤子を取り出すと、半人半馬のケンタウロスのケイロンに養育を任せた。これがアスクレピオスである。彼は多くの人をその医術によって救い名をはせたが、ある時死者を蘇らせたことから、ゼウスの怒りを買い、その雷によって命を落とした。しかしのちに、アスクレピオスは医神として神々に列せられた。（呉『新装版　ギリシア神話』、一四六～一五三頁を参照）

アスクレピオスもまた、オオクニヌシと同様、死んで神として蘇ったとされる。死を経験し克服した医神という点で両者は似ている。どちらもまず、医術を発揮して人や動物を治療するが、神として未完成である。そして医術の発揮が原因となって、どちらも死ぬ。アスクレピオスはゼウスの怒りを買ったために雷によって殺され、オホクニヌシは八十神の怒りを買ったために殺された。そしてそこから蘇ることで、完全な医神や「大国主」と呼ばれるような一人前の神となったのだ。

死と蘇りの経験が、医神の資格であるのかもしれない。

病の起源

人々に死をもたらす病は、神話ではどのように生じたことになっているのだろう。まずは、レヴィ＝ストロースが「M5」として取り上げた病の起源の話を紹介したい。南米のボロロ族の神話である。

> 昔、ビリモッドという名の少年が男性家屋に通うことを頑固に拒否し、母親の家に閉じこもっていた。この振る舞いに腹を立てた祖母は、少年が眠っているところにやって来て、彼の顔に腸から出るガスを吹きかけることを毎晩繰り返した。少年は日に日にやせ衰えた。

不審に思った少年は寝たふりをして祖母の仕業であることを突き止め、先の尖った矢で祖母を殺した。四頭のアルマジロの助けを借りて、彼は祖母がいつも眠っていた場所に墓を掘って死体を埋め、土を戻して筵(むしろ)をかぶせた。

同じ日に村人たちは、毒を使った魚取りに行っていた。その翌日、女たちは残った魚を捕まえるために川へ行った。ビリモッドの姉妹はまだ幼い息子を祖母に預けようと思って探したが、祖母は死んでいたので返事が返ってこなかった。

彼女は息子を木の枝に置き、戻ってくるまで待っているように言った。置き去りにされた少年は、白蟻の巣に変わってしまった。川は死んだ魚でいっぱいだった。女たちは皆、魚を運ぶために何度も行き来したが、ビリモッドの姉妹は魚を貪り食べた。

彼女の腹は膨れはじめ、苦痛のあまりうめき声を発した。するとそのたびに病気が彼女の身体から解き放たれた。全ての病気が村を汚染し、人々の間に死が撒き散らされた。こうして病気が創り出された。(C. Lévi-Strauss, *Mythologiques : Le Cru et le Cuit*, Librairie Plon (Paris), 1964, pp. 67–68. 沖田『マハーバーラタの神話学』、二二四〜二二五頁を引用、一部省略)

この話では、女からの病気の発生が語られている。そして病は人を死へと至らしめる。病と死の起源は、この神話によれば女性の側にある。

ギリシア神話にも、女と病を結びつける神話がある。パンドラの話だ。

ゼウスは神々に最初の人間の女パンドラを作ることを命じた。まずヘパイストスが、急いで土と水を捏ね、その中に人間の声と力を運び入れ、不死の女神の顔に似せて美しく愛らしい乙女の姿を作った。するとアテナが巧緻を極めた布を織る技術を乙女に教え、黄金のアプロディテは乙女の頭に愛らしさを注ぎ、耐え難い恋情と四肢を蝕む悩ましさを注ぎ込んだ。神々の使者ヘルメスは、恥知らずな心と泥棒の性を彼女に与えた。乙女は神々の様々な贈りものによって飾り立てられ、パンドラと名付けられた。というのは、日々の糧のために働く人間たちに災いがあるようにと、オリンポスに住まう全ての神々が贈り物を与えたためである。

このように全く救いようのない策略を完成させた後、ゼウスはヘルメスに命じてエピメテウスのもとに贈り物を運んで行かせた。エピメテウスはかつて兄弟のプロメテウスから、人間たちにとって悪いものが生じることがないように、ゼウスからの贈り物は決して受け取らずに送り返すようにと言われていたのだが、そのことを忘れてこの贈り物を受け取り、後になってそのことを悔やんだ。

というのも、それまで地上に住む人間の種族は、あらゆる煩(わずら)いを免れ、苦しい労働もな

［右］ニコラ・レニエ『パンドラ』17世紀、カ・レッツォーニコ所蔵。
［左］ダンテ・ゲイブリエル・ロセッティ、『ピクシス（箱）を持つパンドラ』、1878年、レディ・リーヴァー美術館所蔵。

く、人間に死をもたらす病苦も知らずに暮していた。ところが女はその手で甕（かめ）の大蓋を開けて、甕の中身を撒き散らし、人間に様々な苦難を招いてしまった。そこにはひとりエルピス（希望）のみが、甕の縁の下側に残って、外には飛び出なかった。ゼウスの計らいで、女はそれがとび出す前に甕の蓋を閉じたからだ。しかしその他の数知れぬ災厄は人間界に跳梁することになった。現に陸も海も禍（わざわい）に満ち、病苦は昼となく夜となく、人間に災厄を運んで勝手に襲ってくる、ただしそれらの災厄は声は立てない、明知のゼウスがその声を取り上げてしまわれたから。（ヘシオドス『仕事と日々』より。訳と要約は筆者による。沖田『世界の神話』、九〇〜九一頁を引用、表記と語尾を変更した）

ここでもやはり、女であるパンドラが病を世界に撒き散らしたと語られている。『旧約聖書』では、パンドラ同様、最初の人間の女であるエバが災いの女である。禁じられていた木の実を、蛇にそそのかされて食べて、夫であるアダムにも食べさせた。これにより神に罰せられ、二人は楽園を追い出されて苦難の満ちる地で生きることになった。

パンドラやエバとは対照的に、女性が癒しの側面を担う場合もある。神話ではなく宗教の領域になるが、キリスト教の聖母マリアである。ルルドの泉というフランスの名高い巡礼地があるが、聖母マリアがそこに顕現したとされている。そしてその地に湧く泉には病気治癒の力があり、絶えず信者が訪れるのだという。

知恵の木の実をエバに差し出す蛇と、アダム。ルーカス・クラナッハ、1530年、ウィーン美術史博物館所蔵。

それ以前からマリアはあたかも癒しの女神のような存在であった。中世末期の西欧キリスト教社会において、マリアはペストから人々を守るとされ、大いに信仰されて

いたからだ。(クラウス・シュライナー著、内藤道雄訳『マリア　処女・母親・女主人』法政大学出版局、二〇〇〇年を参照)

呪いと感染

ところで、疫病は呪いと似ているところがある。「感染性」をもつというところである。呪いの感染について表現された作品が、鈴木光司の『リング』(角川書店、一九九一年)である。このような話だ。

四人の高校生が同時に不審死を遂げた。主人公の浅川和行は、死亡した高校生の中に自分の姪がいたことから、調査を始め、呪いのビデオを見てしまう。このビデオテープを見た者は一週間後の同じ時間に死ぬという。浅川は旧友の高山竜司にもビデオを見せ、二人は共に呪いの解明に取り組む。調査は核心に迫り、呪いの主は井戸に突き落とされて死んだ山村貞子であることが判明する。二人は貞子がそこに落ちて死んだ井戸を掘って、彼女の遺骨を見つけ出す。浅川の一週間のタイムリミットが過ぎるが、彼は生きている。呪いは解けたかのように思われた。しかし翌日、高山が死ぬ。呪いを解く方法は、「ビデオテープをダビングして他人に見せる」ことであった。浅川は、誤ってビデオを見てしまった妻と娘を救うため、自分の両親にビデオを見せることにする。こうして呪いは増殖する……。

（沖田瑞穂『怖い女』原書房、二〇一八年、一〇七～一〇八頁を引用）

呪いの主である超能力者の山村貞子は、日本最後の天然痘患者である長尾に犯され、井戸に落ちて死んだ。この時に貞子の中で彼女の超能力と天然痘ウイルスの力がまじりあい、感染する呪いが誕生したのだ。天然痘ウイルスのように、彼女の呪いは感染性を持って呪いのビデオテープを通じて際限なく広がっていく。

感染する呪いについては、小野不由美も『残穢』（新潮社、二〇一二年）において表現している。（以降、呪いの拡散のあり方に非常に興味深いものがあるため、物語の結末部近くまで言及する）

語り手の私は京都市に住む作家だ。かつて読者に「怖い話を知っていたら教えてほしい」と呼びかけていたことがある。そのつながりで、語り手は読者の久保という人から手紙を受け取った。二〇〇一年に新居に越してきた彼女は、家の中で奇妙な音を聞くようになった。和室で、何かが畳の表面を擦る音がするのだ。音は、同じ場所をゆっくり左右に動いているように聞こえる。まるで何かがそこを往復しているかのように。ある時久保は音のする方をさっと振り返って見た。見えたのは、着物の帯だった。

語り手は久保の話に既視感をおぼえていた。ある時読者からの手紙を整理していて、その理由を見つけた。屋嶋という人の手紙で、二歳になる娘が家の中で宙を見て「ぶらんこ」と言うのだ。二人の家は同じ「岡谷マンション」だった。ただし久保は二〇四号室、屋嶋は四〇一号室と、部屋は異なっていた。

久保に後に確認してもらったところ、目に入った帯は、祝儀に用いる金襴緞子(きんらんどんす)の帯のようだった。語り手の中でイメージが固まる。暗がりの中、晴れ着姿の女が、帯で首を吊って揺れている――。

さらに、久保は二〇四号室の前の住人である梶川の事件を知ることになる。梶川は五か月で部屋を退去し、仕事も辞めて、引っ越し先の住居で首を吊って自殺していた。語り手と久保は、マンション自体というより、その土地に何かあるのではないかと、周辺の住人への聞き取り調査を始めた。

それによると、マンションが建つ前は駐車場で、その前は複数の戸建て住宅が建っていた。バブル期の地上げで転居が相次ぎ、最後に残った小井戸家は周辺でも有名なゴミ屋敷で、住人の男性は孤独死した。

そんな時、かつての四〇一号室の住人であった屋嶋から電話があり、部屋で体験した怪奇現象についての話を聞くことができた。一九九九年のことであったが、畳が擦れる音に悩まされている中、二歳になる娘がぬいぐるみの首に紐をかけて「ぶらんこ」と言って遊んでいたのだ。さらに、どこからか赤ん坊の泣く声がする。しかしそこは角部屋で、隣は一軒しかなく、そこは男性が一人で住んでいる。また、布団の周辺でハイハイするような音も聞こえていた。次第に気味が悪くなり、その年のうちに引っ越したのだという。整理すると、ここでは「何かが這うような音」と「畳が擦れる音」、「赤子が何かぶらんこのようなものを見ている」「いないはずの赤子の泣き声が聞こえる」という怪異が起こっていたのだ。

岡谷マンションと同じ敷地内にある「岡谷団地」も調査していると、なぜか住人が居つかない家がある。仮に「黒石邸」と呼ぶことにする。そこに入居した鈴木さんは霊感を持っていた。初めに気づいたのは物音だ。誰かが歩き回っているような音と、何か物を動かしているような音。ある時、台所で洗い物をしていると背後に気配がする。気づくと蛇口に女の姿が映りこんでいる。しかし高さがおかしい。映り込んだ女の位置がやけに高いのだ。それで、首を吊ってぶら下がっているのではないかと、考えるようになった。一家は耐えきれなくなって転居した。

語り手と久保は調査を続けていた。マンション以前の住宅地に建っていた小井戸家のさらに前には、高野という裕福な一家が居を構えていた。その高野家の夫人・トシヱは末娘の結婚式に出た直後、家で帯を鴨居にかけて首を吊って自殺した。これが、久保の見聞きした畳の怪異の正体であった。

トシヱの友人によれば、トシヱは「赤ん坊の泣く声」に悩まされていたのだという。それを気に病んで自殺したようだ。結婚したトシヱの娘・礼子は、東京で交際していた男の子どもを妊娠し、堕胎したのではないかと推測された。

さらに過去をたどると、高野家以前に、そこには鋳物工場があり、周辺には工員の住居として長屋があった。そこで死んだ女性・中村は貞操観念が狂っていて、妊娠出産をするたびに赤子を殺していたのだという。トシヱが聞いた赤ん坊の声とは、このことだったのだ。

調査を続ける語り手と久保であったが、久保は岡谷マンションから転居した先でも、「何かが畳を擦る音」に悩まされていた。その家には畳などないというのに。怪異が、ついてきてしまったのだ。

久保は独自に鋳物工場である植竹工場に勤めていた人物・鎌田を探し当てた。そこにも怪談があり、赤ん坊の泣き声がする、というものの他に、真っ黒く焼けただれた人々が工場の床に倒れて呻いている、というものもあった。鎌田は深夜まで工場にいた時に、地面の下で風が吹いているような音を聞いた。地響きのような音の合間に大勢の人間の呻き声が聞こえたのだ。

そんな時、かつての岡谷マンションの住人・梶川が転居した先のマンションの部屋に、女性の幽霊が出る、という話を耳にする。その部屋で自殺した梶川は男性だ。女性の幽霊が出るというのは普通に考えるとおかしい。梶川氏が連れてきたのだ――トシヱの幽霊を。死の穢れ、死穢は伝染し拡大していたのだ。そう、感染症のように。

さらに調査が進み、植竹工場が建てられる以前、そこには資産家の吉兼一族の屋敷があった。その三男・友三郎は強度の精神分裂病（統合失調症）で、座敷牢に閉じ込められていた。怨みを言う声が聞こえ、焼け、殺せ、と命じるのだということであった。

吉兼家の菩提寺を調査していると、吉兼家に嫁いだ三善は嫁入り道具として美人画を持っていて、これが不吉なものであった。吉兼家に不幸なできごとがあると、その美しい女の顔に禍々しい笑みが浮かぶのだという。三善はその掛け軸を寺の住職に預けたが、その後すぐに若死にした。

そこで三善の実家をあたると、九州の福岡にたどり着いた。怪談の大本は奥山家であった。奥山家は資産家で小さいながら炭鉱を経営していた。三善の父であると思われる義宣が、明治末か大正初め頃に、家族を皆殺しにして自殺した。家族には母親と妻、子どもが数名、その配偶者と使用人も含まれていた。一連の怪異はここから発したと思われた。また当時、炭鉱では事故が多く、特に爆発火災事故での被害者が多かった。これも奥山家の怪異となってついて行ったのだ。

穢れは伝染し、拡大する。浄めるための祭祀が行われなければ、広く薄く拡散していくのだ。（新潮文庫版、二三九頁）

本作は怪談の宝箱である。畳を擦る音、赤子の泣き声、何かが這うような音、恨み言をいい、焼け、殺せ、と命じる声。すべては一つの家から始まり、感染症のようにそれに触れたものについていき、離れた場所でまた同じ怪異を発現させる。それだけではない。怪異はまた別の怪異を引き起こす。拡散し、連鎖して、怪異の穢れはとめどなく広がる。

このような呪いは、まるでウイルスそのものである。伝染性を持つのだ。先に紹介した鈴木光司の『リング』でも、「呪い」と「天然痘ウイルス」が結びついたことになっている。両者の基底にある類似がその結びつきをもたらしたのであろう。

人間はあるいは、疫病に対する恐れを、怪談のような物語に託して語ったのかもしれない。第一章でも述べたように、怪談は現代の神話と見ることができる可能性があるのだ。

呪いの感染というと、想起されるのがいわゆる吸血鬼である。ヨーロッパの民間伝承において、ヴァンパイア、あるいはヴァンピールなどと呼ばれる「起き上がった死体」は、疫病の原因とされて恐れられたという。（ポール・バーバー著、野村美紀子訳『ヴァンパイアと屍体』工作舎、一九九一年、二六、八〇頁）

本章のはじめに取り上げたアマビエの拡散も、こちらは祝福であるが、伝播性を持つものという意味において、呪いの感染と類似を見出せるように思われる。呪いであっても祝福であっても、特に現代のネット社会においては感染の拡大には大いに有利であろう。神話に疫病の話が少ないのは、その多くが「呪い」として換言されているからかもしれない。

死の起源

病の先には、多くの場合、死がある。遅くとも早くとも、人間はどうしてもそれを避けることはできない。ここからは、死の神話をみていくことにしよう。神話は死の起源を多く語る。たとえばメソポタミアでは、人間の死は蛇の不死と引き換えに定められたことになっている。

ギルガメシュは三分の一は人間、三分の二は神で、ウルクの横暴な王であった。母神アルルが、ギルガメシュと競わせるために野人エンキドゥを粘土から造った。両者は戦いののちに親友となった。彼らは杉の森の番人である怪獣フワワを倒した。その後女神イシュタルがギルガメシュを誘惑するが、彼はこれを拒絶し、彼女の過去の恋人たちがどんな末路をたどったかをあげつらった。激怒したイシュタルは、父神アヌと母神アントゥムに訴え、ギルガメシュを滅ぼすために「天の牛」を造って地上におろした。ギルガメシュとエンキドゥはこの「天の牛」を殺してしまった。その罰として神々は、エンキドゥに死の運命を定めた。エンキドゥは病んで死の床についた。ギルガメシュは親友の死を嘆き、自らもやがて死ぬことを恐れ、永遠の命を得たというウトナピシュティムのもとへ旅立った。

彼は多くの苦難の末にウトナピシュティムとその妻のもとにたどり着いた。ウトナピシュティムは過去に起こった大洪水の話をし、永遠の命ではなく若返りの効用がある草のありかを教えた。ギルガメシュはウルクへの帰途、泉で水浴をしている間に、苦労して取ったその草を蛇に食べられてしまった。蛇は脱皮をして去って行った。（大林太良、伊藤清司、吉田敦彦、松村一男編『世界神話事典　世界の神々の誕生』角川ソフィア文庫、二〇一二年、八二〜八四頁を参照、沖田『世界の神話』、四四〜四五頁を引用・加筆し、表記と語尾を変えた）

この話によると、人間は蛇のせいで不死を得ることができなかった。代わりに蛇は脱皮をするようになり、これによって老いを取り払い、永遠に生きるようになった。不死と、脱皮という蛇の生理現象が結びつけられている。

不死と脱皮の結びつきはこれだけではない。脱皮をする生き物は蛇だけではないからだ。インドネシアのスラウェシ島に、次のような話がある。

人類は原初の海の中の孤島に降りてきた一組の男女から発祥した。何か必要なものがあれば、夫が天に昇って天の神からもらってきていた。やがて男は地上で農耕を始めたので、天地の結びつきはなくなった。この頃、天の神は人間の死を認めなかった。人間は年を取ると脱皮して若返っていた。その結果、地上は人間であふれ、争いが増えた。やがて洪水が起こり、一組の男女をのぞいて人類は滅亡した。

男女の乗った船は水とともに天に昇り、天神の住居に達した。天神は二人に小エビを与えたが、二人はこれを食べようとしなかった。次にバナナを与えたところ、二人は食べた。もし小エビを食べていれば、人間は脱皮の力を保存して生きることができたのだった。

(『世界神話事典　世界の神々の誕生』、五二頁を参照し、沖田瑞穂『すごい神話』新潮選書、二〇二二年、四一頁を引用)

ここでは蛇ではなく小エビであるが、いずれにせよ脱皮する動物である。そして人間は、その動物たちのように脱皮ができないので、死ななければならない、という話になっている。

バナナと小エビが対比されている。バナナは、子どもの木ができると親の木がすぐに死んでしまうので、神話では短命の象徴であるが、同時に多産の象徴でもある。小エビは脱皮することから、死と再生、不死の象徴である。

このバナナと小エビの対比を、バナナと石の対比として語る神話があり、「バナナ型」と呼ばれている。インドネシアのスラウェシ島で、このように語られている。

> 大昔、天と地の間は今よりもずっと近くて、人間は創造神が天から縄に結んで下ろしてくれる贈り物によって暮らしていた。ある日、創造神が石を下ろしたところ、人間の始祖の夫婦は受け取らずに、他のものが欲しいと要求した。神が石を引き上げて、バナナを下ろしてやると、夫婦は喜んで食べた。すると天の神はこう言った。「石を捨ててバナナを選んだから、おまえたちの寿命は、子どもを持つとすぐに親の木が枯れてしまうバナナのように儚くなる。もし石を受け取れば、寿命も石のように永久になったのに」。(『世界神話事典　創世神話と英雄伝説』、一四八頁を参照)

石が不死の象徴であり、他方のバナナは短命であるが、子どもを持つことができる。つまりこの話は、不死であるが子どもを持たない命か、死すべき運命であるが子どもを持つことによって種として栄えるか、どちらかを選ぶ話なのだ。そしてそれら二つの選択肢は、両方を選ぶことはできない。不死であり、なおかつ子どもを持つことができるとなると、命が増えすぎて世界の秩序が成り立たなくなるからだ。神話は、このように高度に論理的であることもある。

ケルトには、人間が不老不死を手に入れそこなった話がある。医神が不老不死の薬草を調合しようとしたが、それをめちゃくちゃにされたので不老不死の薬ができなかった、という形で死の起源が語られている。

神々の一族であるダーナ神族が先住民のフィルボルグとの戦いで勝利をおさめたとき、戦いの指揮をとっていたのがヌァダという神だった。かれは二十年の間ダーナ神族の王でもあった。ヌァダという名前には「幸運をもたらす者」「雲をつくる者」という意味がある。病を治す力もあり、水に縁のある神でもある。ヌァダはまた戦いの神でもあって、その面ではギリシアのゼウスにたとえられる。彼はフィルボルグの一族との戦いで陣頭指揮をとり目覚しい活躍を見せたが、不幸なことにこの戦いのときに片腕を切り落とされてしまった。医術と技術の神ディアン・ケヒトが精巧な銀の腕を作り、ヌァダにつけた。それ以後、「銀の腕のヌァダ」と呼ばれるようになった。

ダーナ神族を勝利に導いたヌァダが当然王位についていいはずだった。しかし、ケルトの風習として、肉体的な欠陥のある者は、王位などの高い地位についてはいけないことになっていた。そこで王位は、七年の間ブレスが継ぐことになった。しかしそれも、医神ディアン・ケヒトの息子ミァハが、ヌァダの腕を元通りに治すまでのことだった。それは次のようないきさつであった。

ある時ヌァダの城に、ディアン・ケヒトの息子で医者のミァハが、妹と一緒にやって来た。彼らはヌァダに、土の中に埋められていた彼の腕を掘り出して持ってこさせると、ミァハがその古い腕をヌァダの肩にあて、「筋は筋に、神経は神経につながれ！」と呪文を唱えてからつけた。それから幾日かたつと、ヌァダの腕は完全に元通りになり、指先まで動くようになっていた。

ミァハの父ディアン・ケヒトは、自分がヌァダにつけた銀の腕を取って、息子の方がもっと素晴らしい技術をみせて、本物の腕を再生させたことに腹を立てた。彼は息子を剣で切ったが、剣は皮膚を切っても肉は切らなかったので、ミァハはすぐに治してしまった。ディアン・ケヒトは、再び剣でミァハを切り、今度は骨まで達したが、ミァハはまた治してしまった。三度目の剣は、頭を割り脳に達した。けれどまたミァハは治してしまった。四度目に、ディアン・ケヒトの剣は脳みそを真っ二つに切ってしまった。今度はミァハにもどうすることも出来ず、死んでしまった。

ミァハが埋められた墓から三百六十五本の草が生え、一つ一つが人間の体の神経に効く薬になっていた。ミァハの妹のアミッドがその薬草を摘み、一つ一つ注意深くマントに並べ、病気に効く薬を色々と調合しようとした。けれど嫉妬の怒りのおさまらない父が、そのマントをひっくり返して、薬草の順序をめちゃくちゃにしてしまった。もしこの時薬草の順序がばらばらにならなかったら、人間は不老不死の薬を、手に入れられたかも知れなかった。(井村君江『ケルトの神話』ちくま文庫、一九九〇年、八一～八四頁を参照)

人間の死の運命は、不老不死の薬草を手に入れられなかったためと説明されている。薬草、つまり本来は病を癒すものと、不老不死の獲得の失敗が結びついているので、病と死が一連のものであるという考えが見てとれる。人間は老いで死ぬこともあるが、あるいは圧倒的に病で死んでいたのかもしれない。それで、病と死が一連のものとして結びついて神話に語られることになったのだろう。

日本の神話にも、死の起源が語られている。そこでは死を定めたのは、国土や神々を産み出した母なる女神イザナミであった。

イザナミは国土と神々を産み出した母なる女神である。しかし彼女が火の神カグッチを産んだ時、女性器を焼かれて死んでしまった。夫のイザナキは嘆きのあまり、黄泉の国まで妻を取り戻しに行った。黄泉の国の御殿の戸から迎えに出たイザナミに、イザナキは一緒に地上に帰ろうと言う。しかしイザナミは、もう黄泉の国の食べ物を食べてしまったから帰ることはできないが、せっかくこうして会いに来てくれたのだから、黄泉の神と相談してみます、と言い、その間、決して私の姿を見ないでくださいねと念を押した。

イザナキは約束を守ってじっと待っていたが、ついに待ちきれなくなって、櫛の歯を一本折り取って火をつけ、御殿の中を覗いた。するとイザナミの身体は蛆がわき、雷が発生しているという醜く恐ろしい姿に変わり果てていた。

驚き恐れたイザナキは逃げ、気づいたイザナミはヨモツシコメという黄泉の国の鬼の女たちに夫を追いかけさせた。イザナキは櫛や髪飾りを後ろに投げながら逃げる。すると櫛や髪飾りがぶどうや筍に変わって追手を阻んだ。

やがてイザナミ本人が追いかけてきた。夫婦はヨモツヒラサカという黄泉と地上の境で大きな岩を間にはさみ、別離の言葉を交わした。イザナミが、「私はあなたの国の人々を一日に千人殺しましょう」と言うと、イザナキは「それなら私は一日に千五百の産屋を建てよう」と言い、人間の死の運命と、増殖の運命がここに定められた。(『古事記』)

日本神話には他に、天皇の寿命について語る話があり、その同じ神話が人間の短命を説明する神話ともなっている。

アマテラスの孫ホノニニギは、笠沙の岬で美しい乙女を見初めた。その乙女は山の神オホヤマツミの娘コノハナサクヤビメであった。ホノニニギがオホヤマツミに娘との結婚を申し入れると、山の神はたいへん喜び、姉のイハナガヒメを添えて、たくさんの品物と一緒に嫁入りさせた。

ところがその姉は容姿がたいへん醜く、ホノニニギは恐れをなして親元に返してしまった。そしてコノハナサクヤビメだけを側に留め、一夜を共にした。

山の神オホヤマツミは、ホノニニギがイハナガヒメを送り返したことを深く恥じて、彼を呪った。「私が二人の娘を差し上げたのは、イハナガヒメを娶ることで天つ神の御子の命が不変であるように、またコノハナサクヤビメを娶ることで花のように咲き栄えるようにと、祈願して差し上げたのに、イハナガヒメを返してコノハナサクヤビメだけを側に留めたから、これから先、天つ神の御子の命は、花のように儚いものとなるだろう。」

このようなわけで、ホノニニギの子孫である代々の天皇の寿命が短くなったのである。

（『古事記』）

これは『古事記』に記される話であるが、『日本書紀』では、イハナガヒメ自身が、親元に送り返されたことをひどく恥じて、ホノニニギとその子孫（天皇）に呪いをかけ、天皇あるいは人間の寿命を短くしたことになっている。（第九段一書第二）

そうすると、日本神話には、死の起源を語る神話が二つあることになる。まず、イザナミがイザナキに対して発した、一日に千人の人間を殺すという呪いによって、人間の死が決定され、次にイハナガヒメがホノニニギに対して発した呪いによって、代々の天皇の死と人間の短命が決定されたのである。

そして注意すべきは、人間の死の運命に関わったのがどちらも女神である点だ。女神は、その本来の役割として生命を生み出すはたらきをもつ。しかし生み出すだけでは、世界の秩序が成り立たなくなる。世界に命があふれて大地が生命を養えなくなるからだ。産んだからには、死を与えねばならない。この神話の論理が、イザナミとイハナガヒメの神話に当てはめられている。

先に取り上げたパンドラとエバが、病や災いの元凶とされていることにも、このような神話的思考が反映されているのかもしれない。病や災いも、いずれ死につながるものとしてとらえられていたのだ。

神話において死や病気や災いが女性の側にあるのは、あるいは、単純に男尊女卑なのではないかと思われるかもしれない。しかしそうではなく、生と死についての神話的思考によって自然に導かれた結果かもしれないのだ。

インドの死後観念1
――輪廻説確立以前

死の起源神話をいくつか見てきたが、人は死んだらどうなるのだろう。死後の観念については、特にインドにおいて高度に思想が発達した。インド人は古くから死と、死後の世界についての思想を練り上げていったのだ。インドの死後観念について見ていこう。(以下、中村元『中村元選集〔決定版〕第八巻 ヴェーダの思想』春秋社、一九八九年、三五二〜三五七頁、五六〇〜五六四頁を参照)

インドでは、身体は滅びても霊魂は不滅であると考えられていた。インド最古の宗教文献『リグ・ヴェーダ』には、人は死ぬとその霊魂は死神ヤマの支配する天界に行き、そこで楽しく暮らすと記されている。

ヤマとともに天界で暮らす霊魂を、祖霊という。彼らは、「神々のあいだにあって渇きに悩む者」「真実にして、供物を食らい、供物を飲み、インドラや神々と同じ車に乗る」と記されている。神々と同様の尊崇を受けていたが、常に飢えて供物を欲していた。彼らの住まう天界は、地上の喜びが増幅された場所である。光に満ち、緑多く、美しい音楽が奏でられ、美食と美酒に恵まれた理想郷として描かれている。死者は誰もがそこに行くというわけではない。その理想郷に達するためには、祭祀の実行、贈物の施与、苦行などが必要とされた。死後の審判や地獄の観念は、『リグ・ヴェーダ』には見られない。悪人の運命に関する詳しい記述もない。悪人は、暗黒の深淵に応報の神ヴァルナによって落とされ、消え去ると考えられていた。『リグ・ヴェーダ』には、因果応報の観念もわずかに見られる。祖先の悪行が子孫に影響を与えるということと、自らの悪行が後にその者自身に返ってくるということが述べられている。どちらの観念も後世において明確化されるのであるが、特に後者は輪廻思想と結びつく重要な思想の萌芽である。

四ヴェーダの中で最も遅く成立した『アタルヴァ・ヴェーダ』において初めて、地獄の観念が確立する。そこはヤマの住む天界とは対立する場所であり、女妖鬼、女魔法使いが棲息する暗闇に閉ざされた世界である。後期のブラーフマナ文献において、この恐ろしい世界はさらに詳細に描写される。そこでは人間が人間を食し、鬼女が人間を苦しめるという。

ヴェーダ文献に少し遅れて成立したブラーフマナ文献においても、善行を積んだ者は死後ヤマの支配する天界へ至ると考えられる。しかし天界において再び死ぬこともあると考えられた。この「再死」は、死後の世界で再び死に、さらにあの世においてそれを幾度も繰り返すというものである。再死を得る者は、祭式を正しく行わぬ者、祭式の持つ秘儀的意味を知らぬ者である。これを防ぐために祭式の知識が必要とされる。この再死の観念は、後の輪廻思想に連なるものであるが、ここではまだ、地上を離れた天上でのできごととして語られるに留まる。

インドの死後観念2
――輪廻転生と因果応報

輪廻転生の思想が提示されている最も古い文献は、ブラーフマナ文献よりもさらに新しい古ウパニシャッドの『チャーンドーギヤ・ウパニシャッド』と『ブリハッドアーラニヤカ・ウパニシャッド』である。この二文献には、「五火二道説」が提示されている。これが輪廻思想の最も初期の形態である。ウパニシャッドの他の教説と同様に、この説も対話という形式で表わされている。（以下、中村元『中村元選集〔決定版〕第九巻　ウパニシャッドの思想』春秋社、一九九〇年、六九

〇〜七〇一頁を参照）

若きバラモンであるシュヴェータケートゥは、北インドのパンチャーラ地方の王プラヴァーハナ・ジャイヴァリによって問いかけられた生死に関する五つの問いに、答えることができなかった。家に戻ったシュヴェータケートゥは、父にこれを尋ね答えを求めた。しかし父もまた答えを知らなかった。そこで父は王のもとへ行き、教えを請うた。この時初めて、「五火二道説」が王族からバラモン階級に伝えられたとされている。

この教説の前半である五火説は、人間の生命の起源は天界にあるということを、五つの祭火の形で説いたものである。人間は死後、月に入り、雨となり、地下に入って食物となり、男子の精液となり、母胎に入って再生するのだという。

後半部分である二道説では、人は火葬された後、「神道」か「祖道」を旅することになると説かれる。「神道」を行く者は、火葬された後、さまざまな天界を旅した後にブラフマンの世界へ行き、二度と生まれ変わることはない。「祖道」を行く者は、火葬された後、さまざまな天界を旅した後、虚空を通って月に行く。故人が生前に積んだ業の尽きるまでそこに留まり、これが尽きた後、五火説に従い地上に生まれ変わる。また、この二つの道のどちらにも行けぬような極悪人は、微小な生物が生死を繰り返す第三の場所に堕ちる。

祖道を旅した後、地上に転生することになった者は、生前の行為によって転生先を決定される。生前に善行を積んだ者は好ましい人間、つまりバラモン、王族、あるいは庶民の子として誕生する。罪深い生を送った者は、家畜や賤民のもとに生まれる。ここでは、二重応報ということが生じている。死後祖道を辿る者は、まず月の世界においてその生前の業が使い果たされるまで留まる。そして業が使い果たされた後に地上に生まれ変わる。理論的には、月において業が使い果たされたのならば、その時点で何者も同様の状態にあるはずである。しかし地上に生まれる際の形態も、前世の行いにより決定される。このような矛盾に関して、二つの見解が出されている。第一に、人が前世で善いか悪いかにより、生まれ変わる際の形態が決まる。ウパニシャッドの原文に忠実な見解である。第二には、月において業が使い果たされるが、それでもなお業が残ると考える。後世のヴェーダーンタ哲学の解釈で、原文には忠実でないが思想に一貫性が見られる。

月と芋と再生

死について考えてきたところで、次に、神話において死の後にある「再生」について見ていきたい。再生は、月と深く関わる。満ち欠けを繰り返すことによって生と死を行き来する月は、それ自体、再生の象徴なのだ。

日本では、月は、意外に思われるかもしれないが「芋」と深く関わる。芋は日本で古くから栽培されていたことが分かっている。縄文時代中期にさかのぼるようだ。それは考古学からの証拠によって裏付けられている。吉田敦彦の『縄文土偶の神話学』（名著刊行会、一九八六年）によると、この時期の関東地方西部から甲信越地方の山間部の遺跡から、打製石斧が大量に出土したが、これらはその素材がもろいために、斧としてはほとんど役に立たない。これらの斧の刃先には、土掘に常時使用したために磨滅したと思われるあとが見られるものもあり、土掘の道具であったことがほとんど確実とされている。では何を掘ったのかという問題になるが、その数があまりに多いことから、野生の植物の食用になる部分を掘り取るのに使われただけでなく、山芋や里芋の植え付けや収穫に主に使用された石器と見るのが最も自然であるという。つまり、芋の栽培が縄文時代中期にすでに行われていたと考えるのである。

この時代（縄文中期）に芋栽培が行われていたことを裏付けると思われる土器も出土している。深鉢という縄文時代の一般的な土器で、食べ物を入れて煮炊きするための土器である。中でも、縄文中期に作られるようになった特殊な形の深鉢に、胴体がずん胴ではなく、真ん中の所にくびれがあるものがある。なぜこのような形の深鉢を当時の人々が急に大量に作って使うようになったかというと、くびれの部分に蒸気の通過が可能な中敷を置いて、その下に水を入れ、その上に里芋などの芋類を入れて、火にかけると蒸し器になって、美味しい芋料理を作ることができる。その用途に最も適切な形の土器であるのだという。

里芋や山芋が、稲作が普及する以前の古い時代に、長い間にわたって日本で主食の位置を占めていたのではないかという推定は、考古学からだけでなく、民俗学的な資料からも裏付けられるようだ。関東より西の全国各地に、正月や十五夜などに里芋を供える行事があるが、各地の習俗で、里芋は特別に神聖視され、特に正月の儀礼において慎重な扱いを必要とされた。芋を正月の食物として大事にしたり、逆に禁忌にしたりする事例が見られるが、これはどちらも神聖視されていることの証左であり、その現われ方が両極端になっているのだ。

このような里芋をめぐる習俗から、日本における餅を儀礼食の中心とする「稲作文化」に対立するものとして、里芋を一つの指標とした文化の体系の存在が示唆される。

北関東より西の全国各地で、里芋は正月とともに旧暦八月十五日の「月見」の行事の中でも、月に供える供物および儀礼食として用いられてきた。一般に「十五夜」の晩に月に供えられるものは、里芋だけでなく、ススキなどの秋の野の花や、月見団子や種々の野菜、果物なども一緒に用いられる。しかし十五夜を「芋名月」とか「芋神様の祭り」「芋の生まれ日」などと呼んだり、月見団子を里芋の形に似せて作る習俗が各地に見出される。そのことから、十五夜における月への供物の中心をなしていたのは、元来は里芋であったのではないかと考えられてい

る。(吉田『縄文土偶の神話学』、一一六頁)

月と芋に関する習俗には、第二章で触れた、イェンゼンの言う古栽培民の世界観が反映されている可能性がある(前掲書、一一八頁)。インドネシアの神話で、殺されてその死体から芋類を発生させたハイヌウェレは、ラピエという名の少女とほとんど同一視されているが、このラピエは死んで月になった少女である。それは、次のような話である。

人間の祖先たちはヌヌサクという山の頂にあるバナナの実から発生した。山を降りた人間たちは、タメネ・シワで暮らすようになったが、その時は太陽だけが地上を照らしていて、月も星もなかった。そのころ、トゥワレという名の男が地上に住んでいた。彼は太陽から出てきたが、ひどく醜く、顔にはたくさんの吹き出物があった。ある時彼が川岸で狩をしていると、木の実が一つ流れてきた。拾い上げて調べてみると、尖らせた女の歯でかじったあとがあった。

トゥワレはその女を見たいと思い、川を遡って行った。すると川岸に二人の女がいた。ラピエとシロという名の姉妹だった。トゥワレはラピエと結婚したいと思い、彼女たちのあとについて村に行き、両親の家を訪ね、結婚の申し込みをした。しかしトゥワレのあまりの醜さに両親はおどろき、断る口実を探すために、翌日まで返事を保留し、他の村人たちに相談した。村人たちも、ラピエを醜いよそ者の妻にすることに反対し、トゥワレが明日また求婚に来たら、絶対に払いきれないような婚資を要求して、自分から結婚をあきらめさせればよいということになった。

翌日またトゥワレがやってくると、両親は彼に五千点の財宝を婚資として要求した。トゥワレは平気でその条件を承知して、三日後に来る約束を取り付けて去っていった。この時トゥワレは両親に、ダイヤ三個と、シリーの葉を入れる小箱二つを与えた。

両親は村人たちに相談し、こうなってはもはや仕方がないので、財宝を受取ってラピエをトゥワレと結婚させるつもりだと告げた。しかし村人たちはあきらめなかった。ラピエを村から離れた場所に隠し、代わりに一頭の豚を殺してラピエの服を着せて、筵の上に横たえて布で覆った。

三日後にトゥワレが約束の婚資を持ってやってきたが、筵に寝かされているのがラピエではなく死んだ豚であることを知るや、すべての財宝を取り戻して帰っていった。村人たちはトゥワレが結婚をあきらめたのだろうと思って喜び、ラピエを連れ戻して無事を祝った。

数日後、ラピエが用便のために村の外に出て一本の木の根の上に立つと、突然その根が地中に沈み始めた。木の根とともにゆっくりと地中に沈み始めたラピエは、驚いて懸命にもがいたが、どうしても抜け出せなかった。彼女は助けを求めて叫び声をあげた。

悲鳴を聞きつけた村人たちが急いで駆けつけてきて、みなでラピエを掘り出そうとしたが、彼女は静かに沈んでいくばかりだった。とうとう首まで地面に埋まったとき、彼女は母親に向かって言った。

「わたしを連れて行くのは、トゥワレです。三日後の晩に、みんなで空を見上げてください。わたしはそこに輝いているでしょうから。」

三日目の日が暮れた時、みなが空を見ると、西の空に最初の満月が昇った。その時から昼は太陽のトゥワレが、夜は月のラピエが空を照らし、この夫婦の間に生まれた五人の子どもたちが最初の星になった。（吉田『縄文土偶の神話学』、一一八〜一二一頁を参照し要約）

月になった少女ラピエと、ハイヌウェレは、どちらも生き埋めになって死んだ。ハイヌウェレは、祭りの最中に村人たちが地面を掘って作った穴に落とされて殺されたのだった。そしてラピエは月になり、ハイヌウェレは芋になった（ハイヌウェレの死体から芋が生じたのだった）。これらの話を伝えるウェマーレ族の間では、ラピエとハイヌウェレはほとんど区別できぬような存在と見なされていた。つまり芋の母体となった女神は月とほとんど同一視されていたのだ。

日本における芋と月の深い結びつきは、インドネシアなどの古栽培民の神話に由来する可能性がある。古栽培民の神話の根幹には、「生の前提に死がある」という考えがある。われわれ現代人は、ふつう生と死を人生の最初と最後に位置するまったく異なる事象であるととらえているだろう。しかし古栽培民の考えでは、そして神話の多くは、そうではなく、生と死を表裏一体のものとして考えた。それは切り離せないものであった。そしてまさに「月」がそれを体現している。満ち欠けを繰り返すことで、生と死をその内に内包しているのだ。ラピエ＝ハイヌウェレが月であることも、そういった神話的思考が背景にある。

月は人間にとっても再生の場とされることもある。先に取り上げた、インド思想における「五火二道説」である。五火説において、人は死ぬとまず月に行く。また二道説の「祖道」では、人はいったん月に行き、そこから地上にふたたび生まれ変わる。月は再生の場、魂の母胎であるのだ。

そう、私たちはみな、欠ける月のように死に向かって生きている。そして月が新月を迎えるように、私たちの誰もがいずれその時を迎える。しかし、月が、満ちる月の周期に入るように、私たちもまたどこかで再生し、新たな命を生きるのかもしれない。月の再生は、おそらく神話本来が意図したものではなくとも、その希望をわれわれに与えてくれる。

月の命に、幸いあれと。

おわりに

　神話は一見、何か曖昧模糊とした荒唐無稽な物語に見えるかもしれない。しかし神話にははっきりとした「機能」があり、人間はそれを用いて思考することができる。

　つまり神話は聖なる「装置」である。思考のための道具、枠組みである。それを用いて古代も現代も人々はさまざまなことを考えてきた。古代においては、世界の成り立ちを理解するためにこの装置が用いられた。また災禍についても、装置を用いて時には定型化されて語り伝えられた。現代においても「装置」は有効である。それを通じて、物語を「聖なる物語」に変換して、一般化・普遍化させることで、人々は災禍による痛みを癒し、己を戒めるのだ。


　本書の最初のアイデアは、みずき書林の岡田林太郎さんに頂いたものである。二人でお酒を飲みながら、「こういう本ができると面白いよね」と語り合ったのが始まりだ。

　しかしその後、岡田さんはスキルス胃がんとの戦いに専念することになり、本書は河出書房新社さんのご厚意により出版を引き受けていただくことができた。編集の町田真穂さんには、細かいところまでご助言いただき、共に神話の現代における意味について考えを述べ合った。河出書房新社さんと町田さんに、記して感謝申し上げる。

和光大学の松村一男先生には、本書の全体を読んでいただき、ご助言いただいた。ご多忙の中すぐに原稿に目を通してくださった先生に深謝申し上げる。

災禍について考えるために、実家の神戸で体験した地震や、自宅の神奈川で体験した地震を思い起こした。どちらも、家族との絆を再確認するできごとであったと思う。夫と、父の存在にいつも助けられている。

二〇二三年六月　猫のロシムの幸せそうな寝顔を見ながら

沖田瑞穂

沖田瑞穂（おきた・みずほ）

一九七七年、兵庫県生まれ。学習院大学大学院人文科学研究科博士後期課程修了。博士（日本語日本文学）。日本女子大学・青山学院大学非常勤講師。専門はインド神話、比較神話。著書に、『マハーバーラタの神話学』（弘文堂）、『怖い女　怪談、ホラー、都市伝説の女の神話学』（原書房）、『マハーバーラタ、聖性と戦闘と豊穣』（みずき書林）、『すごい神話　現代人のための神話学53講』（新潮選書）、『世界の神話』『世界の神話　躍動する女神たち』（岩波ジュニア新書）などがある。

災禍の神話学
地震、戦争、疫病が物語になるとき

二〇二三年八月二〇日　初版印刷
二〇二三年八月三〇日　初版発行

著　者　沖田瑞穂
装　丁　大倉真一郎
発行者　小野寺優
発行所　株式会社河出書房新社
〒一五一－〇〇五一
東京都渋谷区千駄ヶ谷二－三二－二
電話　〇三－三四〇四－一二〇一（営業）
　　　〇三－三四〇四－八六一一（編集）
https://www.kawade.co.jp/
印　刷　株式会社亨有堂印刷所
製　本　大口製本印刷株式会社

Printed in Japan
ISBN978-4-309-22893-8